Tom Coelho

 SETE VIDAS
Lições para construir seu
equilíbrio pessoal e profissional

2ª edição

Rua Henrique Schaumann, 270
Pinheiros – São Paulo – SP – CEP: 05413-010
PABX (11) 3613-3000

SAC | 0800-0117875
De 2ª a 6ª, das 8h30 às 19h30
www.editorasaraiva.com.br/contato

Diretora editorial	Flávia Alves Bravin
Gerente editorial	Rogério Eduardo Alves
Planejamento editorial	Rita de Cássia S. Puoço
Editoras	Debora Guterman
	Luiza Del Monaco
	Paula Carvalho
	Tatiana Allegro
Assistente editorial	Lara Moreira Félix
Produtores editoriais	Alline Garcia Bullara
	Amanda Maria da Silva
	Daniela Nogueira Secondo
	Deborah Mattos
	Rosana Peroni Fazolari
	William Rezende Paiva
Comunicação e produção digital	Mauricio Scervianinas de França
	Nathalia Setrini Luiz
Suporte editorial	Juliana Bojczuk
Produção gráfica	Liliane Cristina Gomes
Arte e produção	Know-how Editorial
Capa	Alexandre Boure
Impressão e acabamento	Gráfica Paym

ISBN 978-85-02-13499-7

CIP-BRASIL. CATALOGAÇÃO NA FONTE
SINDICATO NACIONAL DOS EDITORES DE LIVROS, RJ.

C614s
2ª ed.

Coelho, Tom
Sete vidas : lições para construir seu equilíbrio pessoal e profissional / Tom Coelho. - 2ª ed. - São Paulo : Saraiva, 2011.

Inclui bibliografia
ISBN 978-85-02-13499-7

1. Conduta. 2. Sucesso. I. Título.

08-4739.
CDD: 158.1
CDU: 159.947

Copyright © Tom Coelho
2011 Editora Saraiva.
Todos os direitos reservados.

2ª edição
1ª tiragem: 2011
2ª tiragem: 2014
3ª tiragem: 2015

Nenhuma parte desta publicação poderá ser reproduzida por qualquer meio ou forma sem a prévia autorização da Editora Saraiva. A violação dos direitos autorais é crime estabelecido na lei nº 9.610/98 e punido pelo artigo 184 do Código Penal.

360.860.002.003

Dedicatória: simples experiência que pretende representar uma homenagem. Nada mais. Nisso residirão seu maior, senão único, mérito.

Alphonsus de Guimaraens Filho

Dedos que dedilham, dedos que digitam, dedos que dedicam.

Primeiro, aos meus pais, Getulio e Ana, por me darem a vida, pelo que fizeram e deixaram de fazer, pelas lágrimas vertidas e amparadas, pelo sorriso esperançoso, pelo abraço acolhedor, pelo amor incondicional. Sei que de outro mundo eles me acompanham, apoiam e conduzem minha caminhada.

Depois, aos meus filhos, Gabriel, Matheus e Liz, cada qual com um pouco de mim, em semblante ou em ações, em palavras ou emoções. Jovens abençoados que me ensinam a brevidade do tempo, a importância da virtude e a premência da alegria.

Por fim, à minha esposa, Renata, companheira e cúmplice, amante e mãe, mulher digna e corajosa, nobre e sensível, esteio de incentivo e lastro de amor ao lado de quem o sol não arde, mas apenas brilha; e a noite não amedronta, mas apenas inspira.

Agradecimentos

Os pedidos que fazemos aos Céus encontram-se, na maioria das vezes, em nossas próprias mãos.
William Shakespeare

Este livro é resultado de diversos fatores. Uma visão, um objetivo, uma obstinação, muita persistência e muitas, muitas mãos.

Agradeço a Deus por me conceder o talento de escrever e por me conduzir à sua descoberta, permitindo-me exercer minha missão de atuar para o desenvolvimento de pessoas e organizações, promovendo educação, qualidade de vida e negócios sustentáveis.

Ademais, várias são as pessoas dignas de reconhecimento, que em maior ou menor grau contribuíram para a existência desta obra. Procurarei ser sintético, tanto para não cansar o leitor quanto para evitar a banalização desses votos.

Primeiro, ao meu amor, Renata, pelo apoio e incentivo inclemente, fazendo-me vencer ora a procrastinação, ora o perfeccionismo.

Ao amigo Reinaldo Polito, pelo belíssimo prefácio e por viabilizar meu ingresso na família Saraiva.

A propósito, agradecimentos especiais a todos da equipe da editora, começando pelo então gerente editorial Marcio Coelho, com o qual tive o primeiro contato, passando pelas editoras Rita de Cássia e Gisele Folha Mós, pelas produtoras editoriais Viviane Nepomuceno e Rosana Fazolari, além das equipes de copidesque, diagramação e produção, chegando aos amigos da área comercial e do marketing.

Com relação ao conteúdo da obra, uma menção mais do que merecida a Evie Mandelbaum, grande amiga e incrível nutricionista, pela revisão do Capítulo 1. Suas intervenções foram certeiras para lapidar o texto e torná-lo menos técnico, mas sem perder o rigor.

Um abraço ao querido Sergio Compagnoli, com o qual debati questões relacionadas às competências profissionais apresentadas no Capítulo 3, em especial a definição das chamadas competências transcendentais.

Agradeço também ao estímulo de alguns amigos primordiais no decorrer dos últimos anos: Alessandra Assad, Ana Tikhomiroff, Benedito Milioni, Carlos Pocinho, Catarina Moraes, Eduardo Luiz, Eduardo Moretti, Ney Aidar, Nilson Velozo, Régis Tróis de Ávila e meus colegas do NJE/Ciesp.

Àqueles que dedicaram tempo para uma leitura preliminar da obra, oferecendo-me seus comentários: Cecília Shibuya, Eduardo Giannetti, Francisco Madia, Horacio Piva, Marcelo Ferreira, Marcia Tedesco, Mario Sergio Cortella e Alex Paiva. Estes votos são extensivos a Cida Paiva, Kátia Regina e Sônia Teixeira.

Finalmente, aos meus leitores que, de todo o Brasil e outros países, enviaram-me mensagens, sugestões e questionamentos, com carinho, generosidade e assertividade, conduzindo-me a reflexões e notório crescimento pessoal. Foram opiniões e palpites, ora técnicos, ora sentimentais, ora meramente pessoais, mas sempre indelevelmente relevantes.

Diante da colaboração de tantas pessoas, sinto-me em débito com todos vocês. E procurarei quitar essa dívida palavra por palavra, escrita ou falada.

Depoimentos

Tom Coelho nos transfere toda a sua sabedoria e conhecimento com a mesma generosidade, educação, elegância e sensibilidade que o caracterizam nos gestos, na fala, no comportamento, no caminhar. Uma única palavra, em meu entendimento, é capaz de traduzir a sensação que se tem ao final da leitura: **autenticidade**. O Tom que escreve é o mesmo Tom que conheço. E, por isso, concluo: autor e obra constituem um mesmo e único conjunto. O conjunto de quem chegou lá. Alcançou o equilíbrio. Vou tentar seguir seus passos.

Francisco Alberto Madia de Souza
Presidente da Madia Mundo Marketing

A amplitude e a diversidade dos aspectos abordados demonstram um Tom Coelho muito sensível e antenado com o mundo atual, empresas, sociedade e pessoas, dando-lhes alternativas para eventuais mudanças, mas sempre considerando a natural dificuldade de empreendê-las. Ele nos demonstra "o que" e "como" podemos construir o nosso próprio equilíbrio, adicionando depoimentos pessoais, o que confere maior autenticidade e riqueza ao trabalho. Se você, leitor, acredita que pode mudar o mundo, inicie o trabalho por você mesmo. Este livro é um bom guia para quem se dispõe a isso.

Fabio Cruz
Ex-presidente da Associação Paulista de Gestores de Pessoas (AAPSA)

Eis o livro! Livro que traz em suas páginas um pouco da vida de cada um de nós. Você e eu estamos aqui retratados, com respeito e coerência. A cada lição, uma forte delicadeza amolece nossos sentidos. Porque *Sete Vidas* tem voz, coração, ouvidos, olhos, pé, cabeça e alma.

É como uma pessoa que torna a busca pelo equilíbrio um prazer
e a crença em um novo e melhor fim uma certeza.

Marcia Tedesco Dal Secco
Gerente de Comunicação e Responsabilidade Social (Aché Laboratórios Farmacêuticos)

Identifico-me totalmente com o conteúdo do livro, afinal, nós, *workaholics* convictos, muitas vezes esquecemos de que a vida é muito mais do que apenas trabalho, e equilíbrio não se restringe ao picadeiro em um circo... Conheço Tom Coelho desde 2002 e tive o privilégio de acompanhar de perto sua trajetória vitoriosa. É um parceiro de trabalho e verdadeiro amigo, que tem contribuído muito para a melhoria na qualidade de vida das pessoas a partir de sua vivência e experiência.

Ana Tikhomiroff
Presidente da Palestrarte – A Arte da Comunicação

"O que fiz de minha vida ao longo dos últimos anos?" Essa pergunta recorrente encontra caminhos para ser respondida a partir das Sete Vidas. Tom Coelho, de forma alegre e descontraída, conduz-nos a muitas reflexões e nos faz revolver os variados aspectos de nossa trajetória, em busca de alternativas para vivermos melhor neste mundo tão conturbado e estressante. O que fascina nesta obra é a forma prática com que podemos fazer um planejamento diário para mudar, viver bem e gerir nossa própria vida com consistência. A leitura deste livro nos faz identificar uma oportunidade única e imperdível de nos encontrarmos, vendo uma perspectiva de esperança diante da vida, seus conflitos e desafios.

Cecília Cibella Shibuya
Vice-presidente de Eventos e Relações Institucionais da Associação Brasileira de Qualidade de Vida (ABQV)

Uma ideia, antes de ser sucesso, muitas vezes é rotulada de sonho, delírio, loucura, excentricidade. *Sete Vidas* é um sucesso, e assim continuará, porque Tom Coelho se permite sonhar. Assim são as pessoas que pensam diferente, criam, sentem e inovam.

Alex Paiva (in memorian)
Presidente do Congresso CRIARH

Prefácio

UM LIVRO PARA SER RELIDO

Tom Coelho escreveu um excelente livro! São Sete Vidas organizadas de maneira inteligente, didática e muito instigante. A opção de mesclar pesquisas e dados teóricos com a experiência própria do autor tornou o livro mais atraente e autêntico. Você vai ler cada uma de suas páginas como se estivesse saboreando um romance, com começo, meio e fim. Assim como ocorreu comigo, provavelmente você ficará curioso em saber qual será a próxima etapa, qual a próxima vida, como o novo capítulo foi alinhavado para compor um conjunto de ensinamentos que se mostrou harmonioso do princípio ao final.

Suas orientações são práticas, porém guardando estreita interdependência com o conteúdo teórico. Você vai constatar que os exemplos estão fundamentados na larga experiência do autor e no trabalho que desenvolve como consultor para as mais importantes organizações corporativas. Graças à sua vivência, temos a impressão de que Tom Coelho adivinha o que o leitor precisa para sedimentar os segredos da nova vida que acabou de ser revelada.

Pude medir o cuidado obstinado que Tom Coelho teve com o conteúdo no capítulo em que orienta sobre a importância de falar em público. Em poucas palavras, ele conseguiu abraçar a essência dessa arte que ao longo dos últimos 30 anos tem sido o objetivo da minha vida profissional. Tudo o que pode ser considerado importante para a comunicação oral foi introduzido nesse capítulo.

O que mais me impressionou neste livro, além da seriedade com que os dados teóricos se fundamentaram, foi a destreza com que Tom Coelho expôs suas ideias. Dono de um texto leve, fluente e muito bem articulado, cultivado ao longo de muitos anos produzindo artigos para os mais diferentes tipos de veículos de comunicação, pega-nos pela mão para que possamos caminhar de maneira confortável pelas vidas, que nem sempre são novas e inusitadas para nós, mas sobre as quais, vez ou outra, deixamos de meditar.

Aqui está uma qualidade especial deste livro: a oportunidade de refletir a respeito da nossa existência e entender melhor o comportamento e as aspirações daqueles que nos cercam. E só não afirmo que o livro é um manual para a felicidade por receio de ser mal interpretado e distorcer o caráter sério e profundo com que os conceitos foram abordados.

Li *Sete Vidas* com prazer, muito prazer. E percebi que havia sido tocado por ele quando me vi relendo cada uma de suas páginas. Já disseram que um livro merece ser lido se ele merecer ser relido. É o caso da obra de Tom Coelho, um livro para ser revisitado de tempos em tempos, como forma de ajustar algumas das vidas que por um ou outro motivo nossa vigilância deixa escapar.

Fiz esta apresentação com enorme alegria, pois sou admirador do seu trabalho, dos seus textos e da maneira reta e exemplar como conduz sua vida.

Reinaldo Polito

Sumário

Antes das Sete Vidas... 17
O caminho do meio 18

Vida 1 – Saúde e Esporte... 23
Saúde e doença 23
Repouso 25
Alimentação 28
Duas dicas práticas 30
Diet ou *light* 32
Obesidade 33
Hidratação 35
Pele 36
Saúde bucal 38
Check-up 38
Fumo e álcool 39
Postura 41
Respiração 42
Meditação 43
Estresse 43
Trânsito 44
Saúde e segurança 46
Doenças cibernéticas 47
Atividade física e exercício físico 49

Fisiologia do medo 50
A psicologia do humor 52
Fazendo acontecer com pouco dinheiro 53

❈ Vida 2 – Família e Afetividade 55
Pais 55
Sobre minha mãe 57
Sobre meu pai 61
Irmãos 63
Filhos 64
Sobre Gabriel e Matheus 65
Amigos 71
Amores 73
Quinze anos 74
Sobre o casamento 77
A hora de parar 79
Sobre Renata 81
Sobre Liz 83
Aprecie suas origens 84
Fazendo acontecer com pouco dinheiro 85

❈ Vida 3 – Carreira e Vocação 87
Neocompetência – uma nova abordagem para o sucesso profissional 88
Competências para o sucesso 92
Estabelecimento de metas 96
Cinco passos para uma meta 96
Aplicando os 5S na vida pessoal 98
Agenda de 10 segundos 100

Sumário

Quatro regras de ouro na gestão do tempo 102
Excelência e superação 103
Mediocridade 105
Sobre heróis e mitos 106
Resiliência 108
Liderança 111
Competências valorativas 113
Autoconhecimento 113
Paixão 115
Somos maus amantes 116
Fazendo acontecer com pouco dinheiro 118

❋ Vida 4 – Cultura e Lazer **119**

Educação: um triste legado 120
Escolhas 121
Especialista ou generalista? 123
O hábito da leitura 124
Aldeia global 125
Aldeia local 126
Falar em público 127
Toda forma de cultura... 132
Letra e música 133
Doces férias! 135
Fazendo acontecer com pouco dinheiro 137

❋ Vida 5 – Sociedade e Comunidade **139**

Amizade 139
A rede 140
Responsabilidade socioambiental 142

Ensaio sobre o individualismo 142
A sociedade de consumo 144
Caminhos para a ação 146
As pequenas iniciativas 148
Diversidade 149
Começando pelo quintal 150
Gente do bem 152
Moço, leva eu... 154
A espiral da ética 156
Vida associativa 158
Fazendo acontecer com pouco dinheiro 160

❀ Vida 6 – Bens e Finanças 161
Ambição e ganância 161
O pior dos pecados 162
A justa medida 164
Onde está o dinheiro? 164
Especial é seu bolso, não o cheque! 168
A armadilha do crédito consignado 172
Reeducação financeira 173
Como poupar? 174
Onde investir? 175
Impermanência e algemas douradas 177
Fazendo acontecer com pouco dinheiro 179

❀ Vida 7 – Mente e Espírito 181
Mente 181
Dominância cerebral 182
Mexa com seus sentidos 183

Espiritualidade e religiosidade 184
A religião que torna você melhor 185
A busca por um significado 186
Fé 188
Fazendo acontecer com pouco dinheiro 188

✿ **Após as Sete Vidas...** **189**
Ansiedade e angústia 190
O mundo perfeito 192
Exemplos e opiniões 193

✿ **Referências** **199**

Antes das Sete Vidas...

Todas as coisas já foram ditas.
Mas como ninguém escuta,
é preciso sempre recomeçar.
André Gide

Lembro-me como se fosse hoje. Era final de verão, em um dia do mês de março de 2001. Despertei-me cedo, sem a ajuda de despertador, porém um pouco mais tarde que de costume. Pela primeira vez, em muitos anos, eu não tinha horário a cumprir. Nenhum compromisso agendado, nenhuma tarefa profissional que exigisse minha presença com urgência.

Até imediatamente o dia anterior, minha rotina era similar a da maioria das pessoas. Acordava cedo, dirigia-me ao trabalho e retornava no final do dia, para reiniciar todo esse ciclo na manhã seguinte, exceção feita aos domingos e alguns poucos sábados.

Tudo começou em 5 de agosto de 1993. Naquela ocasião, após amargar quase oito meses de desemprego, adquiri 50% das cotas de uma pequena empresa como última opção para retornar ao mercado de trabalho. Tornei-me o que se chama de empreendedor por necessidade. Então, determinei um plano de vida que contemplava jornadas de trabalho de 14 horas diárias em média.

Meu projeto era erguer uma empresa sólida – a melhor e, depois, a maior do mercado dentro de seu segmento. Pretendia também gerar tantos empregos quantos fossem possíveis, ofertando as oportunidades de trabalho que eu não havia encontrado em minha carreira recente. No longo prazo, vislumbrava ser um executivo bem-sucedido.

No decorrer desses oito anos, edifiquei uma empresa admirável. Saí de 7 para 72 empregos diretos, além dos temporários. Construí uma excelente infraestrutura interna em termos físicos e tecnológicos. Estabeleci padrões de qualidade tão elevados que passei a ser especificador de diversos órgãos públicos. Inovei em marketing como nenhuma outra empresa do setor e criei condições de trabalho que favoreciam as relações interpessoais. Assim, alcancei a liderança do mercado, recebendo prêmios, honrarias e exposição na mídia.

Todavia, todas essas realizações foram desenvolvidas sem capital próprio. E, lastreado em recursos de terceiros e com um grau de ousadia acima do recomendável, o qual perpetrou uma série de erros, anos depois, capitulei. Sem capital de giro, restou-me apenas indenizar os funcionários e assumir uma massa de débitos com os fornecedores e credores financeiros. Deixei de ser um administrador de empresas para me tornar um gerente de passivos. Todavia, essa é uma história que merece ser contada em outra oportunidade.

A pessoa que despertou naquela manhã de verão era, mais uma vez, um homem desempregado. Dessa vez, afastado não de um emprego formal, mas impedido pelas circunstâncias de atuar em sua própria companhia. E foi nesse contexto, olhando pela janela para o sol que cintilava, que me coloquei a seguinte questão: "O que fiz de minha vida ao longo dos últimos anos?"

O CAMINHO DO MEIO

Sentado em frente à minha mesa, no escritório improvisado em um dos dormitórios de casa, peguei uma folha de papel e uma caneta e comecei a rascunhar algumas reflexões.

Minha relação conjugal estava em crise. E isso, evidentemente, não ocorre de uma hora para outra, uma vez que é consequência de um processo. É como cortar uma árvore usando um machado: chega um momento em que um golpe final faz o tronco vergar. Porém, não foi a última machadada que o derrubou, mas, sim, a soma de todas aquelas que a antecederam.

Meus filhos, ainda pequenos, contando 4 e 6 anos incompletos, conheciam um pai carinhoso e amoroso, porém com presença inconstante. Afinal, eles ainda dormiam quando, cedo, eu saía para trabalhar e, não raro, também já haviam adormecido quando, tarde da noite, eu regressava ao lar.

A pressão do trabalho fez com que eu desenvolvesse o hábito do fumo. E a falta de tempo levou-me a renunciar à prática esportiva, sempre tão presente em minha agenda.

Minha vida social restringia-se a eventos corporativos. Férias eu conhecia a partir de feriados prolongados, mas com o celular tocando várias vezes ao dia, demandando minha atenção na solução de problemas.

Ademais, a crise financeira da empresa batia à porta de casa e a vida espiritual resumia-se a uma prece noturna.

Olhando para esses fatos, eu percebi que o trajeto trilhado anos antes fora equivocado. Como um bom *workaholic*, acreditava que depois de alguns meses a empresa estaria consolidada e, finalmente, eu poderia dar maior atenção à família, voltar a praticar esportes, tirar férias, viajar e buscar tantas outras realizações.

Entretanto, ao pensar assim, não notava que assinava contratos comigo mesmo, os quais eram automaticamente autorrenovados. Nessa toada, 3 meses viraram 6, que se tornaram 1 ano e, depois, 8 anos. Durante esse período, meus filhos cresceram, e não os acompanhei de perto como deveria. Minha relação conjugal desgastou-se, e a saúde foi sendo combalida. Sem perceber, eu não ganhava, mas perdia.

Foi só então que compreendi que reestruturar minha vida passava por rever valores e escalas de prioridade. E que a felicidade somente seria possível se eu conseguisse conciliar não apenas vida pessoal e profissional mas também saúde e vida cultural, social, material e espiritual. Era necessário interromper aquela jornada, mudar de estrada e recomeçar.

Toda essa visão demorou ainda mais de um ano para se sedimentar. Em abril de 2002, principiei na carreira de articulista e, em julho daquele ano, escrevi um texto intitulado "O caminho do meio", que seria a semente do conceito das Sete Vidas. Minha proposta era conscientizar as pessoas de que temos Sete Vidas, as quais são simultâneas e indissociáveis. E que a tão almejada felicidade é fruto do equilíbrio entre elas.

Foi assim que compreendi o porquê da insatisfação que eu experimentava naquela fase de minha vida. Eu havia concentrado todas as energias no trabalho, com objetivo eminentemente material. Acreditava que proporcionar conforto à família era necessário, imprescindível e suficiente. Logo, apoiei-me em apenas dois dos sete pilares que nos sustentam. Quando a carreira ruiu, desestruturei-me, e tudo veio abaixo.

Analogamente, é isso o que ocorre, por exemplo, com mulheres que abdicam da carreira e até da conclusão de um curso superior quando, em virtude de uma gravidez não planejada, optam por casar-se e dedicar-se à família. Anos depois, caso o relacionamento se desfaça, sentem-se perdidas, pois abriram mão de sua individualidade para viver não a própria vida, mas a do marido e dos filhos.

O desequilíbrio entre as Sete Vidas é a causa da frustração, da angústia e até da depressão que aflige e abate tantas pessoas. Mudam-se apenas nomes e endereços. Nada mais.

Certa vez li uma frase do publicitário Jay Chiat que dizia: "Passei minha vida procurando ordem e produzindo o caos". Isso coincidiu com minhas investigações sobre os motivos pelos quais estamos sempre tão distantes da aclamada harmonia. Foi quando entendi que não bastava obter o equilíbrio em apenas um dos papéis desempenhados na vida. Era preciso identificar todos os papéis, ouvi-los e sintonizá-los. Do contrário, a vida seria um eterno recomeço. Este livro é o resultado dessa busca. A proposta é compartilhar meu aprendizado, certo de que cada qual tem seu caminho, mas também convicto de que muitos percalços são similares.

Não tenho a pretensão de postular que os aspectos que serão abordados no decorrer desta obra mostrem-se inovadores ou revolucionários. Em verdade, é possível que você tenha ouvido falar ou lido sobre quase todos os argumentos que apresentarei. Contudo, acredito que até as mesmas ideias, tratadas de forma diferente, possam acessar seu íntimo, conduzindo você a uma longa e proveitosa reflexão.

Desejo-lhe uma boa busca...

Mas os olhos são cegos.
É preciso buscar com o coração.
Antoine de Saint-Exupéry

... e um ótimo encontro!

Não é fácil encontrar a felicidade em nós mesmos.
E é impossível encontrá-la em outro lugar.
Agnes Repplier

Vida 1
Saúde e Esporte

A liberdade e a saúde se assemelham: o verdadeiro valor só é dado quando as perdemos.

Henri Becque

Seu corpo em primeiro lugar. Não é uma questão de narcisismo, mas de necessidade. Mantendo-se bem você estará apto a buscar o melhor em todas as suas demais vidas. Afinal, se não tomar conta de seu corpo, onde vai viver?

Você pode optar por passar metade da vida arruinando sua saúde desde que esteja disposto a transcorrer a outra metade tentando restabelecê-la. Muitos descuidam da saúde durante grande parte da vida laborativa, preocupando-se somente em acumular riqueza – patrimônio que será dilapidado posteriormente para recompor a saúde perdida.

SAÚDE E DOENÇA

"A saúde é um estado de completo bem-estar físico, mental e social, e não consiste apenas na ausência de doença ou de enfermidade." Essa é a definição constante no preâmbulo da Constituição da Organização Mundial da Saúde (OMS), a qual nos conduz a algumas reflexões.

Imaginar um "completo" bem-estar é bastante utópico, em especial no que tange às políticas públicas. No entanto, o grande mérito dessa conceituação está em dissociar a saúde da ausência de doenças.

Saúde é prazer. É a possibilidade de fazer o que necessitamos e desejamos. É a ausência de dor e sofrimento. Não é apenas uma concessão natural, mas uma conquista. Não se trata de um fim em si mesmo, mas um recurso para a vida cotidiana.

A saúde mora no sorriso espontâneo das crianças, nos casais caminhando de mãos dadas, no abraço fraterno dos amigos, no trabalho exercido com prazer.

É por isso que às vezes você pode sentir-se debilitado, desconfortável e até prostrado. Então decide consultar um médico, fazer uma bateria de exames, para depois descobrir que não apresenta qualquer enfermidade. A insônia, a falta de apetite, a indolência, a impaciência e o cansaço que lhe afligem são frutos não de condições clínicas adversas, mas da falta de vitalidade e de alegria de viver.

Você se diz desanimado em relação a tudo, sem notar que *animus*, do latim *anima*, representa o princípio espiritual da vida ou o sopro de vida. Estar desanimado é estar sem alma, sem espírito, sem vida. Ademais, o *animus* opõe-se ao *corpus*, como que nos lembrando de que a saúde não se restringe ao corpo físico, mas o transcende.

O preparador físico Nuno Cobra pontua com correção que há três categorias de doenças. A primeira delas trata das doenças hereditárias, que herdamos de nossos pais por meio do DNA, e que podem ou não se desenvolver, dependendo de nosso estilo de vida. A segunda são as doenças congênitas, desenvolvidas no ventre materno. Por fim, temos as doenças adquiridas, ou seja, aquelas que conquistamos a partir de nossas opções e comportamentos. Hipertensão, obesidade e cardiopatias, por exemplo, decorrem muitas vezes de nossas escolhas, do modo como conduzimos nossa rotina.

Por isso, cultivar a saúde deve ser uma prerrogativa pessoal. E meu propósito a seguir será apresentar-lhe sugestões de como fazê-la. Não estruturei um guia prático, o qual seria desejável, porém atribuição para profissionais especializados ligados à área da saúde. Entretanto, abordarei um conjunto mínimo de fatores que podem e devem ser observados por cada um de nós na busca por uma vida saudável.

> *Uma cama de hospital é um táxi parado com o taxímetro acionado.*
> Grouxo Marx

REPOUSO

O sono é o estado fisiológico de restauração física e mental. É o momento do relaxamento muscular, da reconstrução celular, quando a memória é consolidada e todo o conhecimento e experiências registrados durante o dia, armazenados no hipocampo cerebral, migram para o neocórtex, local em que são efetivamente internalizados.

Há quem sofra de sonorexia, uma patologia associada a pessoas com a percepção de que dormir é perda de tempo. Por isso, optam por privar-se conscientemente do sono, usando compostos sintéticos para manter-se em vigília.

Quantidade de sono não está diretamente relacionada a sono de qualidade. Em verdade, cada pessoa tem sua necessidade pessoal de repouso de acordo com seu ciclo circadiano – do latim *circa diem*, ou seja, em torno do dia.

O fato é que temos três relógios regulando nossa vida. O primeiro deles é o solar, dividindo o tempo em dia e noite. O segundo é o social, que determina o ritmo de nossas atividades pessoais e profissionais. O terceiro é o biológico, que dita nosso ritmo interno ou biorritmo, regulado pelo hipotálamo, estrutura localizada na base do cérebro.

A conjunção desses três relógios determina três padrões de comportamento sensorial das pessoas em relação ao sono. Há os chamados matutinos, que cultivam o costume de acordar naturalmente cedo, representando cerca de 10% da população. No outro extremo e com igual percentual aproximado de participação, há os vespertinos, afeitos a dormir muito tarde. Os intermediários, 80% da população, apresentam um padrão mediano, considerado "normal" exatamente por isso: correspondem à maioria da população, tal qual em uma distribuição estatística normal.

Além disso, há outro padrão a ser considerado. Temos os grandes dormidores, aqueles que necessitam de muitas horas de sono, e os pequenos dormidores, os quais se satisfazem com poucas horas de repouso.

Essa introdução é necessária para derrubarmos o mito segundo o qual precisamos de oito horas diárias de sono. Embora esse seja o número médio associado ao perfil da maioria das pessoas, a verdade é que só você pode descobrir seu biorritmo, que determina tanto o número de horas de sono quanto o melhor horário para dormir.

Nesse contexto, com certeza você conhece pessoas que precisam de oito, dez ou mais horas de descanso para se sentirem bem. Atletas chegam a repousar durante 12 horas a fim de alcançarem alto desempenho no exercício de suas atividades. Da mesma forma, podemos encontrar um "vespertino pequeno dormidor", que se contentará com apenas quatro ou cinco horas de sono, mesmo recolhendo-se somente na alta madrugada.

Exemplificando, Thomas Edison dormia 3 horas diárias, enquanto Albert Einstein demandava 10 horas de sono. Já Leonardo da Vinci era ainda mais excêntrico: praticava o chamado sono polifásico, formado por cochilos de 15 minutos a cada 2 horas.

Portanto, para um sono de qualidade, o passo inicial é estabelecer o horário de dormir com base em seu ciclo circadiano e, ao fazê-lo, manter a regularidade, dormindo e acordando no mesmo horário, inclusive nos finais de semana. Com o tempo, você, inclusive, dispensará o uso de despertador.

Para encontrar seu tempo ideal de sono, experimente dormir uma hora a mais – ou a menos – todos os dias, durante um mês. Procure observar como essa mudança altera seu comportamento, em especial no que diz respeito à sua concentração, humor, memória, irritabilidade e resistência física.

A matriz a seguir simula 4 possibilidades com o cruzamento das opções dormir uma hora a mais ou a menos e a percepção decorrente, uma sensação de melhor ou pior estado físico e emocional. Assim, se você aumentar seu tempo de sono em uma hora e após um mês notar que sua disposição melhora, significa que é válido incorporar essa hora adicional ao seu tempo de sono em definitivo.

	MATRIZ DE SONO-VIGÍLIA	
	Menos uma hora	Mais uma hora
Melhor	Reduza uma hora de seu tempo de sono em definitivo. Seu biorritmo permite essa mudança sem prejuízo ao seu desempenho. Você acaba de ganhar uma hora útil por dia.	Passe a dormir uma hora adicional em definitivo. Sua produtividade aumentará, permitindo-lhe compensar com facilidade o tempo investido no descanso.
Pior	Volte ao tempo de sono anterior. Além disso, teste a hipótese de aumentar mais uma hora ao tempo de descanso anterior e verifique se há crescimento de sua produtividade pessoal.	Volte ao tempo de sono anterior. Verifique as condições de seu sono e seu ciclo circadiano.

A preparação para o sono é fundamental. Atividades físicas aeróbias devem ser evitadas ao cair da noite. Cerca de 2 horas antes do horário programado para dormir, comece a praticar tarefas menos estimulantes. Televisão e computador devem ser desligados, pois a luz emitida pelos monitores retarda a produção de melatonina, o hormônio que estimula o sono e que é produzido na ausência da luz. Instale *dimmers* para regular a intensidade luminosa. Experimente usar velas em lugar da luz elétrica na hora do jantar.

Tome um banho quente para relaxar cerca de uma hora antes de deitar-se, para dar tempo ao organismo de regular sua temperatura, uma vez que o estado de sonolência está associado a temperaturas internas do corpo mais baixas. Vista roupas leves e confortáveis, ouça uma música tranquila e tire alguns minutos para conversar com seus familiares ou ler algo agradável.

Você pode fazer uma refeição leve. Pães e massas devem ser consumidos com parcimônia no jantar, pois os carboidratos regulam o relógio biológico para atividades de vigília.

Evite bebidas estimulantes contendo cafeína, tais como chocolate, café, chá preto, chá verde, chá mate e refrigerante, e fuja do álcool, que pode promover um torpor momentâneo, mas prejudicará a qualidade de seu sono.

O ambiente de repouso deve ser limpo, organizado, escuro, ventilado e silencioso. TV, sem dúvida, nem pensar! O colchão deve ter densidade adequada ao seu peso e altura, nem duro, nem macio demais. Os fabricantes dispõem de uma tabela que auxilia nesse cálculo. Quanto ao travesseiro, deve formar um ângulo reto entre o pescoço e o ombro, bem como ser substituído a cada cinco anos, no máximo.

Em relação às crianças, crie uma rotina diferente horas antes de dormir, escovando juntos os dentes, cantarolando uma música enquanto prepara a cama ou contando breves histórias. É importante que os pais não criem nos filhos certas dependências, como levá-los para dormir na própria cama, aguardar no quarto até que durmam ou levá-los para outro ambiente caso despertem no meio da noite. Um afago demonstrará afeto e transmitirá segurança; porém, deixe a criança administrar sozinha seus despertares noturnos.

Para concluir, é pertinente ressaltar que tirar um cochilo após o almoço, a famosa sesta, é muito saudável, desde que não supere 30 minutos e ocorra entre uma e três horas da tarde.

E fique atento: diante dos primeiros sinais de alguma enfermidade, como aquele resfriado que se avizinha, recolha-se mais cedo e permita-se um sono mais prolongado. É grande a probabilidade de você despertar no dia seguinte curado e com muita disposição!

ALIMENTAÇÃO

Comer é um dos grandes prazeres da vida. A natureza nos presenteou com muitos alimentos, com cores, aromas, texturas e sabores variados. Por isso, fuja da monotonia alimentar e da dieta lastreada em produtos industrializados.

A base da alimentação deve ser formada por alimentos ricos em carboidratos complexos (amidos), como cereais (arroz, trigo, milho), de preferência integrais (ricos em fibras, conferindo sensação de saciedade, ajudando no trato intestinal e controlando a absorção das gorduras e açúcares ingeridos), aliados a tubérculos (batatas) e raízes (mandioca). Os carboidratos simples (açúcares) devem ser consumidos com moderação.

Carnes (bovinas, suínas e de aves) e peixes são as principais fontes de proteínas, matéria-prima para reciclagem dos tecidos orgânicos e aumento de massa muscular. Prefira carnes brancas e alimentos grelhados, cozidos e assados em vez de frituras por imersão.

Leguminosas, como feijão, lentilha, ervilha, grão de bico, soja ou vagem, são ótima fonte de proteína de origem vegetal, mas não substituem as carnes, em especial a vermelha, no fornecimento de ferro e vitamina B12, essenciais na prevenção da anemia.

As gorduras são importantes para a absorção de algumas vitaminas e síntese de hormônios. Procure obtê-las no azeite de oliva, no óleo de canola e nas amêndoas, nozes e castanhas.

Frutas e verduras devem ser consumidas em abundância, prioritariamente cruas e com casca, pois fornecem fibras, vitaminas e minerais. Tudo de que precisamos pode ser obtido nos alimentos naturais. Por isso, suplementos polivitamínicos devem ser tomados apenas com prescrição médica e/ou de nutricionista, uma vez que o excesso pode sobrecarregar o fígado e os rins, além de provocar outros danos à saúde, sendo indicados somente mediante avaliação nutricional e clínica profissional.

A alimentação vegetariana pode ser saudável. No entanto, é necessário pesquisar, conhecer e escolher uma dieta adequada capaz de suprir as necessidades nutricionais. Proteínas e ferro, por exemplo, são obtidos em menor proporção em uma dieta vegetariana.

Medidas preventivas e de controle, além de higiene na manipulação, garantem a qualidade sanitária dos alimentos, reduzindo o risco de doenças como toxoplasmose, botulismo e cólera. Os sintomas mais frequentes das doenças transmitidas por alimentos e água (DTA) são vômitos e diarreias, podendo ocorrer também febre, cefaleias, dores abdominais, entre outros.

Procure cultivar novos hábitos alimentares. Mantenha regularidade nos horários de suas refeições. Ao fazê-las, reserve tempo para apreciá-las, saboreando os alimentos. Coma devagar, mastigando bem, pois isso garantirá uma melhor digestão e aproveitamento dos nutrientes. Limite a ingestão de sal (sódio), tanto no preparo culinário quanto no uso do saleiro à mesa, pois este é um fator de risco para a elevação da pressão arterial; e prefira o sal iodado (o iodo faz parte da composição dos hormônios tiroidianos). Por fim, aproveite para confraternizar com familiares e amigos a cada refeição. Desligue a TV, estimule o diálogo, em especial quando estiver com seus filhos.

Tenha no nutricionista um grande parceiro para o planejamento e a elaboração de uma orientação alimentar saudável e prazerosa, praticando a chamada nutrição funcional, a qual alia alimentação adequada à prevenção e ao tratamento de doenças.

> *Que teu alimento seja teu medicamento.*
> Hipócrates

DUAS DICAS PRÁTICAS

A primeira dica eu chamo de "menos e mais", ou seja, menos comida no prato e mais repetições por dia. Assim, o ideal é que você faça entre 4 e 6 refeições diárias: desjejum, lanche da manhã, almoço, lanche da tarde, jantar e ceia.

O café da manhã é a mais importante refeição do dia. Longe de ser crendice popular ou mera recomendação de pais afetuosos, essa tese é comprovada pela ciência.

Há estudos que indicam que em jejum nossos reflexos ficam mais apurados, possivelmente porque o organismo deve assumir um estado de alerta diante da inanição. Note como você parece mais atento ao dirigir seu carro em uma manhã em que saiu de casa sem comer algo.

Contudo, o fato é que, ao despertar, o organismo apresenta um quadro hipoglicêmico moderado, o qual se agrava no decorrer da manhã se nenhum alimento for ingerido. O metabolismo cerebral demanda glicose, que é extraída de carboidratos. Em jejum, um mecanismo de autodefesa é acionado para elevar a taxa de açúcar no sangue, buscando glicose em reservas prévias nos órgãos. Adicionalmente, quem pula a refeição matinal tende a comer mais no almoço para saciar a fome.

Portanto, habitue-se a fazer um bom café da manhã, ingerindo pães, cereais integrais (são ricos em fibras), leite e seus derivados, bem como frutas em sucos ou *in natura*.

Para as refeições intermediárias, ou seja, os lanches da manhã e da tarde, basta uma fruta, um copo de suco ou um iogurte. Troque salgados fritos (coxinhas, por exemplo) e salgadinhos industrializados por uma barra de cereais. Entretanto, cuidado com as quantidades para não consumir calorias em excesso: uma única barra tem até 110 calorias.

A segunda dica é a do "prato colorido". No almoço e no jantar, prepare seu prato de modo a reunir, no mínimo, 5 cores diferentes de alimentos. Ainda que você desconheça suas características nutricionais, cores diversas garantem uma refeição saudável, além de nutrientes que protegem a saúde, conforme a tabela apresentada a seguir.

Cor	Alimentos	Propriedades
Amarelo/Verde	Abacate, alface, couve, ervilha, melão, milho, mostarda, pepino, pimentão verde e amarelo.	Atuam nos olhos, reduzindo riscos de catarata e degeneração macular.
Branco/Verde	Alcachofra, alho, aspargo, banana, cebola, cogumelo, endívia, pera.	Combatem tumores intestinais e têm ação antibacteriana, antiviral e anti-inflamatória.
Laranja	Abóbora, cenoura, caqui, damasco, manga.	Previnem o envelhecimento precoce.
Laranja/Amarelo	Abacaxi, laranja, maracujá, papaia, pêssego, tangerina.	Fortalecem o sistema imunológico e previnem alguns tipos de câncer, como o de mama.
Verde	Agrião, brócolis, couve-flor, repolho.	Estimulam o bom funcionamento do fígado.
Verde-escuro	Espinafre, fígado, levedo de cerveja.	Fortalecem o sistema imunológico e previnem doenças degenerativas.
Vermelho	Tomate e derivados, melancia, goiaba.	Antioxidantes, previnem o câncer de próstata.
Vermelho/Roxo	Ameixa, berinjela, beterraba, cereja, figo, maçã, morango, uva, pimentão vermelho, repolho roxo.	Antioxidantes que agem na redução de riscos vasculares e AVC.

DIET OU *LIGHT*

Segundo a Agência Nacional de Vigilância Sanitária (ANVISA), o termo *diet* pode ser aplicado a alimentos indicados para uma dieta com restrição de nutrientes ou para dietas com ingestão controlada de alimentos (como para controle do diabetes). Portanto, os alimentos *diet* são aqueles isentos de um nutriente específico.

É o caso, por exemplo, de um chocolate *diet*, indicado a pessoas diabéticas por não conter açúcar. Seu valor calórico, porém, pode ser elevado, situando-se próximo ou mesmo excedendo ao do chocolate tradicional, devido à adição de gordura.

Já um produto *light* apresenta redução de determinado nutriente ou de calorias em, pelo menos, 25% quando comparado ao similar convencional. Pode ser usado em dietas para emagrecimento, porém não é recomendado para controle de doenças específicas, como o diabetes.

Em qualquer um dos casos, a regra é ler os rótulos dos alimentos, avaliando teor de gordura, valor calórico e composição dos ingredientes.

OBESIDADE

A obesidade é um distúrbio caracterizado por um excessivo acúmulo de gordura nos tecidos e não deve ser confundida com sobrepeso, já que o peso corporal inclui músculos, ossos, gordura e água. Por isso, deve-se mensurar a gordura subcutânea (que reveste o corpo), a visceral (que envolve os órgãos) e a hepática (a mesma que, em excesso, causa a cirrose).

É comum em academias fazer-se a medição da dobra cutânea com uso de um adipômetro ou plicômetro. O problema é que esse método é pouco preciso em pessoas obesas, pois não consegue avaliar o teor de gordura visceral.

O método mais utilizado atualmente para medir sobrepeso e obesidade é o cálculo do Índice de Massa Corporal (IMC), que é o resultado da divisão do peso em quilos pela altura ao quadrado, tomada em metros.

$$IMC = \frac{\text{peso atual (em quilos)}}{\text{altura x altura (em metros)}}$$

A tabela a seguir, com base em dados da OMS, confere uma interpretação adequada ao resultado obtido.

Faixa IMC	Classificação	Risco de Doença
< 18,49	Abaixo do peso	Baixo
18,50 a 24,99	Normal	Médio
25,00 a 29,99	Pré-obesidade	Médio
30,00 a 34,99	Obesidade classe I	Moderado
35,00 a 39,99	Obesidade classe II	Grave
≥ 40,00	Obesidade classe III	Muito grave

Observe que os valores de referência apresentam certa amplitude, motivo pelo qual devem ser avaliados com parcimônia. É pertinente ressaltar que o resultado do IMC não pode ser analisado isoladamente para o cálculo da obesidade, pois não faz distinção entre massa magra e gordura na composição corporal. Assim, uma pessoa com um IMC 24 pode estar melhor de saúde do que outra com índice 20, bem como um atleta pode apresentar um peso maior do que o recomendado para sua altura, embora apresente baixo índice de gordura.

Da mesma forma, há o risco de um indivíduo apresentar um IMC normal, porém com excesso de gordura corporal. Esse fenômeno é denominado "obesidade do peso normal".

Outro método para avaliar a obesidade é o da circunferência abdominal, que consiste em medir o abdômen com uma fita métrica. O valor-limite para a circunferência abdominal, no Brasil, é de 80 cm para as mulheres e 90 cm para os homens. Vale salientar que esse é um método que apresenta variações de acordo com a etnia. Só para ilustrar, nos Estados Unidos os valores aceitáveis são de 88 cm para as mulheres e 102 cm para os homens.

Um grande segredo para perder peso é reduzir o consumo de calorias. E isso pode ocorrer tanto por meio da alimentação quanto das bebidas. Uma lata de cerveja, por exemplo, tem 150 calorias. Mas, atenção: não vá substituir um suco de frutas naturais por um refrigerante com índice zero de calorias, o qual está repleto de substâncias químicas em sua composição e nenhum nutriente!

Brian Wansink, professor da Universidade de Cornell, nos EUA, um estudioso das causas de obesidade, verificou em seus experimentos que algumas situações favorecem a ingestão de mais calorias, ajudando a engordar. São elas:

- comprar embalagens grandes – pacotes menores sinalizam ao cérebro para comer menos;
- acompanhar o ritmo de outras pessoas à mesa – sentando-se ao lado de alguém que coma rápido, você tenderá a comer em maior quantidade e com maior rapidez;
- equivocar-se com o texto das embalagens – alimentos pobres em gorduras podem ser ricos em calorias;
- comer fazendo outra atividade – a distração prolonga a refeição, assim, cuidado com o que e quanto come diante da TV, por exemplo;
- usar pratos e copos para medir quantidades – como as dimensões variam, o parâmetro é inadequado, basta observar como consumimos mais sorvete quando a taça é grande;
- manter guloseimas à vista – procure consumir doces após uma refeição farta, para não exagerar na dose, e conserve-os longe de seu alcance.

HIDRATAÇÃO

O corpo humano tem em sua composição mais de 65% de água. Ela é responsável pela regulação da temperatura, lubrificação das articulações, transporte de nutrientes, eliminação de toxinas e reposição de energia.

Um déficit hídrico em seu organismo pode acarretar descamação do couro cabeludo, ressecamento dos olhos, comprometimento das vias respiratórias, perda de concentração, falhas de memória, enxaquecas, entre muitas outras consequências.

Devemos consumir, no mínimo, o equivalente a 30 ml de água por quilo de peso, sendo metade dessa quantidade de água pura e a outra metade contida em outros líquidos e alimentos. Isso corresponde a cerca de 2 litros diários, volume que sobe para cerca de

3 litros para praticantes de atividades físicas regulares e durante o verão, devido à maior transpiração.

Contudo, de nada adianta chegar ao final do dia e resolver ingerir um litro de água de uma só vez! O resultado será uma grande sensação de mal-estar, além de um sono inconstante devido às interrupções noturnas para ir ao banheiro.

Nosso estômago tem uma capacidade de absorção da ordem de 12 ml por quilo de peso a cada hora. Contudo, o ideal é consumir um copo de água, com 200 ml a 250 ml, a cada hora. A única exceção fica por conta do amanhecer. Em razão da elevada perda hídrica ocorrida durante o sono, é bastante saudável beber dois copos logo em jejum.

Habitue-se a carregar consigo uma pequena garrafa de água para ingestão constante. Se você trabalha em uma função administrativa, essa tarefa torna-se mais fácil, pois basta manter sua garrafinha sobre a mesa, abastecendo-a no decorrer do dia.

Evite beber líquidos meia hora antes das refeições e no decorrer delas, pois, ao fazê-lo, lavamos as papilas gustativas, responsáveis pela percepção de sabor dos alimentos, enviando ao cérebro a sensação de que não comemos o suficiente. Além disso, como os líquidos têm primazia no processo de absorção, diluem o suco gástrico, passando a falsa sensação de fome e prejudicando a digestão.

Uma maneira de monitorar a quantidade de água que tem sido ingerida é observar a coloração de sua urina, que deve ser incolor ou um pouco amarelada, lembrando-se, evidentemente, de que a urina é um elemento excretor, influenciada por líquidos e alimentos ingeridos.

Mas atenção: como tudo o que foge ao equilíbrio, beber muito líquido pode ser prejudicial. As vitaminas dos complexos B e C são hidrossolúveis, ou seja, água em excesso pode eliminá-las do organismo antes de sua absorção.

PELE

A água, além de suas propriedades e importância relatadas, é o melhor tonificante natural para sua pele. A ingestão de água na medida certa contribuirá para uma pele mais viçosa, atuando na regeneração celular, aumentando a firmeza, a elasticidade e prevenindo rugas. Porém, para resultados mais eficazes, cuidados adicionais devem ser tomados.

Durante o banho, atenção com água muito quente, pois associada ao sabonete e à esponja pode desidratar a pele, eliminando a camada superficial de gordura que protege a derme.

Isso nos remete à prática de sauna, que deve se restringir a um episódio por semana e por tempo limitado, uma vez que a elevada temperatura aumenta a frequência cardíaca e dilata os vasos sanguíneos. Após a sauna, convém tomar uma ducha morna ou fria para ajudar o organismo a reequilibrar sua temperatura.

Tome sol antes das dez horas da manhã e após as quatro horas da tarde, lembrando-se de usar filtro solar. O sol favorece a incorporação da vitamina D e do cálcio pelo organismo. O fator de proteção solar varia de acordo com a tonalidade da pele. Da mesma forma, para peles muito claras deve-se optar por bloqueador, enquanto para peles morenas ou negras o protetor solar é suficiente. Para peles oleosas, o ideal é a aplicação em formato de gel não comedogênico (formulação que substitui óleo por água). Já em relação a peles secas ou normais, os cremes são mais indicados, pois contêm hidratante.

Habitue-se a lavar o rosto duas vezes por dia, pela manhã e antes de dormir. A limpeza deve objetivar a remoção da oleosidade excessiva e a desobstrução dos poros. A aplicação de um tonificante é recomendável para o restabelecimento do pH, seguido da hidratação para manter o equilíbrio hídrico da pele, combatendo o envelhecimento precoce. Tudo sempre mediante recomendação de um dermatologista.

Com periodicidade mensal, faça esfoliação no rosto para promover a renovação das células. Utilize gel esfoliante ou máscaras de acordo com prescrição médica. Além disso, acostume-se a olhar-se no espelho para examinar o aparecimento de pintas e manchas que possam sinalizar um princípio de câncer de pele.

SAÚDE BUCAL

A saúde da boca envolve a estética de dentes bonitos, bem alinhados e isentos de cáries, bem como a ausência de halitose e doenças periodontais, permitindo boa mastigação e deglutição, que contribuirão para o processo digestivo, além de favorecer a comunicação.

O segredo é a higienização adequada, com uso de escova dental compatível com o tamanho da boca, dentifrício fluoretado pouco abrasivo, fio dental e limpeza da língua. Enxaguatórios podem ser usados à noite, mas a escovação deve sempre ser feita após qualquer refeição, mesmo um simples lanche.

Tenha sempre um kit básico à sua disposição, com escova, creme e fio dental; mantenha um em sua pasta executiva, outro na gaveta de seu escritório, além de um no porta-luvas do carro. Dessa maneira, você se assegurará de sempre cumprir sua rotina de higienização.

CHECK-UP

Quando você compra um carro, ele sai da concessionária com um manual de garantia e um manual de manutenção. A vigência do primeiro depende do fiel cumprimento da cartilha do segundo. O veículo tem data ou quilometragem certa para visitar a oficina, ocasião em que uma série de itens serão verificados. Enfim, segundo o senso comum, carros podem e devem fazer revisões periódicas. Já o corpo humano...

Reserve um dia em sua agenda todos os anos para fazer um *check-up*. Decerto, não se trata de uma atividade lúdica ou prazerosa, mas é agradável receber resultados de exames sentenciando que você está bem. Afinal, quem paga um plano de assistência médica o faz como quem compra um jazigo: espera postergar ao máximo o uso do benefício contratado.

Mais do que preventivo, o *check-up* é preditivo. Antecipando-se a uma manifestação de enfermidade qualquer, tornamos o tratamento mais eficaz e veloz e menos oneroso e traumático.

Comece visitando um clínico geral, o qual solicitará os exames que julgar necessários para avaliação de sua condição física. Considere também visitar um dermatologista, oftalmologista, cardiologista e urologista ou ginecologista, entre outros.

Por ocasião das consultas, apresente um histórico de sua saúde e de doenças pregressas na família. Leve exames e receituários anteriores, informe medicamentos de uso contínuo, exponha eventuais sintomas, sem ignorar sentimentos de qualquer ordem. Lembre-se de que a matéria-prima do médico é a informação, portanto, seja transparente.

Caso algum tratamento se mostre necessário, procure compreender sua enfermidade, a terapêutica adotada e os benefícios esperados.

As mulheres devem, ainda, fazer o Papanicolau periodicamente, a fim de avaliar risco de câncer no colo do útero, bem como exames para detecção de câncer de mama, incluindo a clássica mamografia, para verificação de nódulos cancerígenos. O autoexame das mamas deve ser feito regularmente.

Os homens, por sua vez, devem atentar para a próstata, realizando exames, se possível, a partir dos 40 anos e, obrigatoriamente, após os 50, com periodicidade anual. O diagnóstico ideal deve reunir exame de toque retal em conjunto com dosagem de Antígeno Prostático Específico (PSA), proteína produzida exclusivamente pela próstata e que se eleva de maneira significativa nos casos de câncer. Quando os dois métodos são utilizados, a fidelidade do diagnóstico é superior a 90%, permitindo um diagnóstico prévio adequado, o qual eleva significativamente as chances de cura.

FUMO E ÁLCOOL

Os derivados de tabaco são responsáveis pela morte de 5,4 milhões de pessoas por ano em todo o mundo (200 mil no Brasil), número que deve crescer para 8,3 milhões de pessoas em 2030, segundo OMS. São cerca de 4.720 substâncias tóxicas, mais de 50 delas carcinogênicas, responsáveis por 90% dos casos de câncer de pulmão (e 30% de câncer em geral), 45% das mortes por infarto do miocárdio, 85% dos óbitos por enfisema e 25% dos casos fatais de AVC. A maioria dos fumantes desenvolve o hábito na adolescência, entre 12 e 17 anos de idade. E esse vício representará a perda de algo entre 6 a 18 anos na expectativa de vida desses jovens. Os números são alarmantes, mas, imaginando alguém que fume dois maços por dia durante 40 anos, este terá consumido em torno de 585 mil cigarros. Fazendo as contas, essa pessoa perde 16 minutos de vida a cada cigarro.

É necessário considerar ainda os não fumantes que, expostos passivamente à fumaça, são também prejudicados. A própria OMS considera o tabagismo um fator de risco ocupacional e qualquer governo entende que se trata de um caso de saúde pública.

As principais armas dos governos são políticas de prevenção e conscientização, proibição da publicidade, leis de restrição ao consumo e elevação de impostos sobre os produtos. O arsenal dos fumantes que desejam abandonar o vício vai de adesivos de nicotina a gomas para mascar, passando por medicamentos e sessões de análise.

Dois são os fatos absolutos. Primeiro, fumar mata. Seja em decorrência do ato em si, seja contribuindo para o desenvolvimento de outras doenças. Segundo, o cigarro, para o fumante, é amigo, companheiro, confidente, colo de mãe. Relaxa, dá prazer, aumenta a confiança em momentos difíceis – por isso é tão difícil abandoná-lo.

Embora para algumas pessoas o único caminho para a interrupção do vício seja parar de fumar de uma vez, enfrentando as crises de abstinência decorrentes, é possível alcançar esse objetivo reduzindo gradualmente o número de cigarros diários ou retardando o horário do primeiro cigarro.

Em relação ao álcool não é muito diferente. Trata-se de uma droga lícita cujo consumo também se inicia na juventude, funcionando como porta de entrada para outros vícios.

O álcool atua no sistema nervoso central, causando alterações metabólicas, comportamentais e psicológicas. Leva à dependência química, problemas cardiovasculares e hepáticos, contribuindo com a ocorrência de diversos tipos de câncer. É fator responsável por três em cada quatro acidentes de trânsito, grande fonte de acidentes de trabalho, perda de produtividade e absenteísmo.

Todavia, referendando a tese do "caminho do meio", está cientificamente atestado que uma taça de vinho, tinto de preferência, é muito benéfica à saúde, em especial para o sistema cardiovascular.

POSTURA

Vários são os fatores que contribuem para dores na coluna. A postura inadequada é o primeiro deles, favorecendo o desenvolvimento de desvios na coluna (cifose, lordose e escoliose). Isso pode ser observado em pessoas que caminham de cabeça baixa e com os ombros arqueados, ou que nutrem, ao sentar-se, o mau hábito de esparramar-se em sofás, poltronas e cadeiras, quando o ideal é apoiar as costas no encosto, formando um ângulo entre 90 e 110 graus.

Um segundo aspecto é o excesso de peso que sobrecarrega a coluna. Por isso, muita atenção com bolsas, mochilas e malas. Uma bolsa não pode superar 5% do peso de quem a carrega e deve ser usada no ombro em vez de pendurada sobre o braço. No caso de mochilas, esse percentual pode alcançar 10% do peso da própria pessoa, carregada com ambas as alças apoiadas nas costas para melhor distribuição do peso. Por fim, malas de viagem devem conter rodízios para facilitar seu transporte.

Os calçados têm grande influência na saúde da coluna. Segundo a Associação Americana de Ortopedia, um salto de 3 centímetros corresponde a 20% do peso corporal apoiado na ponta dos pés, acionando um mecanismo natural de compensação por meio do encurvamento da coluna para manter o equilíbrio. Já os solados devem ter 1 centímetro de espessura, no mínimo, para absorver o impacto da pisada. Palmilhas prescritas por ortopedistas podem contribuir com o efeito amortecedor. Bicos muito finos também são prejudiciais, porque impedem a distribuição uniforme do peso sobre os pés.

Outros fatores são a idade, uma vez que a estrutura óssea e os ligamentos da coluna sofrem um desgaste natural com o passar do tempo, e o sedentarismo, que causa atrofia nos músculos de sustentação da coluna, exigindo maior esforço físico.

RESPIRAÇÃO

Por ser um processo involuntário, é raro observarmos nossa própria respiração. E essa desatenção, associada a uma postura inadequada, acaba comprometendo a qualidade do processo respiratório.

Praticamos uma respiração torácica, com inspirações e expirações muito curtas, quando deveríamos utilizar mais o diafragma e respirar mais profundamente, contribuindo para uma melhor oxigenação do corpo.

O único momento em que costumamos notar a própria respiração é quando estamos exaltados. Nessas situações, tornamo-nos passionais em essência, inclusive aqueles que se dizem movidos pela razão. Queremos resolver a eventual contenda de imediato e "não levar desaforo para casa", como se costuma dizer.

Por isso, procure não reagir antes de 24 horas. Evidentemente, há momentos em que a temperatura sobe. Afinal, as razões do coração turvam-nos a lucidez e levam-nos a decisões das quais podemos nos arrepender na manhã seguinte. Porém, entre um dia e outro, com uma noite de descanso no meio, o que se mostrou um problema irresoluto surgirá não menor, mas com dimensões reduzidas à sua realidade.

Shakespeare dizia: "O mal que os homens fazem vive depois deles, enquanto o bem é quase sempre enterrado com seus ossos". Costumo pontuar que é muito importante tomar cuidado com as palavras desferidas, em especial nos momentos de irritação. Quando você diz algo que desagrada a alguém, pouca valia haverá em se desculpar *a posteriori*. Porque não importa o que você disse, mas o que ficou depois do que você disse. E o que fica instala-se no peito, dentro do coração, tomando-o por sua morada e de lá não sai mais.

Nesses instantes de tensão, estimule seu lado mais racional. Tape com um dos dedos a narina esquerda e promova durante alguns minutos longas inalações e exalações exclusivamente com a narina direita. Você compreenderá melhor esse conceito no Capítulo 7, quando abordarmos a dominância cerebral.

MEDITAÇÃO

Nossa mente apresenta dois estados de consciência. A consciência sensorial é dada pelos cinco sentidos básicos – visão, audição, olfato, paladar e tato. Já a consciência mental envolve conhecimentos e razão, sentimentos e emoção, sonhos e memória.

Assim, as atividades sensoriais compreendem ver, ouvir, cheirar, degustar e tocar, ao passo que as atividades mentais abrangem pensar, sentir, sonhar e... meditar!

A meditação clássica, que denomino de oriental, tem como propósito atingir um estado de consciência em que nenhum pensamento, emoção ou ação se manifestem. Trata-se de buscar simplesmente o ser, sem nada fazer. E isso não significa necessariamente sentar-se em uma posição específica ou respirar de um modo peculiar, mas, sim, atingir um estado mental. Contemplar a vida, experimentando a grandiosidade do silêncio.

Convido você a também praticar o que chamo de meditação ocidental. Ela consiste em reservar somente cinco minutos de seu dia, em especial à noite, quando estiver preparando-se para dormir, para refletir sobre como foram suas últimas 24 horas. Lembre-se da refeição saborosa feita no jantar, das atividades profissionais que desenvolveu, das pessoas com quem teve contato, do que aprendeu. Resgate suas experiências positivas recentes, valorizando seu dia a dia.

ESTRESSE

O estresse é um estado de tensão decorrente de fatores biológicos, psicológicos e sociais que acabam por comprometer o equilíbrio do organismo.

Em teoria, há dois tipos de estresse. O *eustress* é a versão positiva, que coloca as pessoas em estado de alerta e prontidão, movendo-as em direção à ação, manifestando-se na forma de euforia e satisfação turbinadas pela adrenalina. Já o *distress* é negativo e prejudicial à saúde, representando ora um estado de monotonia, ora de prontidão permanente mesmo na ausência de ameaças. Portanto, trata-se de mensurar a intensidade e a duração do esforço.

A sociedade moderna tem nos proporcionado fontes constantes de estresse, como demandas familiares, pressão pelo cumprimento de metas corporativas, busca por reconhecimento, velocidade das mudanças, inserção social por meio da aquisição de bens materiais, violência, entre tantas outras.

O fato é que estamos constantemente nos colocando diante de situações aflitivas e aumentando nossa capacidade de tolerância ao estresse, o que pode levar à fadiga, à depressão e a síndromes diversas, como *burnout*, desamparo ou pânico.

Combater o estresse depende de seu estilo de vida e das escolhas de bem-estar. Gerenciar o tempo, evitar acúmulo de tarefas, aprender a dizer "não" e cuidar das suas Sete Vidas são alguns caminhos possíveis.

> *A preocupação afeta a circulação, o coração, as glândulas, todo o sistema nervoso. Nunca conheci um homem que tivesse morrido por excesso de trabalho, mas muitos que morreram por excesso de dúvidas.*
> Charles Mayo

TRÂNSITO

O trânsito é um dos grandes fatores contributivos para o estresse e já não é mais uma exclusividade dos grandes centros urbanos. Com o crescimento da população, a queda no preço relativo dos veículos e as facilidades de crédito, automóveis e motocicletas invadiram as ruas, transformando o deslocamento em uma tarefa angustiante.

Por isso, cuide de seu carro, em especial se você passa muito tempo dentro dele, o que é comum a profissionais de vendas, mas não somente a eles. Procure fazer a manutenção do veículo para impedir panes elétricas por descarga da bateria ou superaquecimento do motor, por exemplo. Verifique o estepe, suas condições e calibragem, para que esteja em boas condições caso necessite utilizá-lo. E mantenha uma cópia das chaves em local estratégico para a eventualidade de trancar o veículo com as chaves em seu interior.

Atente para sua postura. Mantenha a coluna ereta, apoie a cabeça no encosto e relaxe os braços ao empunhar o volante. Observe como muitas vezes, em momentos de estresse, você pode transferir a tensão às mãos e aos punhos, segurando o volante com rigidez e causando sobrecarga nos braços e cansaço físico. Além disso, ao parar em semáforos, tire os pés do freio e da embreagem, repousando-os no piso do carro.

Aproveite para exercitar-se dentro do veículo quando este não estiver em movimento. Faça alongamento dos braços, rotacione os pulsos, movimente o pescoço. Você também pode levar uma bolinha de borracha para pressioná-la.

Para contornar a impaciência que nos aplaca quando parados em um congestionamento com um compromisso agendado, administre o tempo. Procure sair mais cedo, fazendo uma projeção conservadora do tempo de deslocamento para seu destino. Agende reuniões para horários fora do *rush* matinal ou vespertino, como às 10 horas da manhã. Você escapará de um trânsito mais pesado e fará uma reunião bastante produtiva, inclusive porque a tendência será de o evento terminar mais cedo por ocasião do horário do almoço que se avizinha.

Lembre-se de nutrir seu corpo. Tenha sempre no porta-luvas alimentos não perecíveis, como barras de cereais, castanhas, biscoitos e frutas desidratadas. Habitue-se a carregar consigo uma pequena garrafa com água fresca para se reidratar.

Concluindo, busque alternativas para tornar sua convivência no trânsito menos angustiante. Selecione músicas que lhe agradem, se possível com melodias suaves. Considere a possibilidade de ouvir um audiolivro, aproveitando para ampliar seus conhecimentos ou praticar outro idioma. Faça trajetos diferentes, explorando novas ruas e caminhos, apreciando a paisagem em seu entorno. E desligue o telefone celular, pois utilizá-lo em trânsito consiste em grave fator de risco de acidentes.

SAÚDE E SEGURANÇA

Segundo dados de 2005 da Organização Internacional do Trabalho (OIT), 2,2 milhões de pessoas morrem anualmente no mundo em decorrência de acidentes no trabalho. No Brasil, estimam-se 57 mil acidentes fatais por ano. Isso representa um óbito a cada dez minutos.

Quando vou ministrar minha palestra "Prevenção de Acidentes – A.R.T.E. na Segurança" em empresas, sempre procuro ter acesso às estatísticas de acidentes a fim de personalizar o trabalho. E, invariavelmente, descubro que a maioria das ocorrências origina-se não de condições de trabalho inseguras, uma vez que as companhias têm investido em suas instalações e no processo de trabalho, mas de atitudes inadequadas praticadas pelo próprio trabalhador, que se coloca em perigo por excesso de autoconfiança, desatenção, desrespeito ao risco ou falta de orientação.

Fora do mundo corporativo, crianças, idosos e pessoas com deficiência são as grandes vítimas de acidentes no lar. As principais ocorrências são afogamentos, asfixias, quedas, queimaduras, intoxicações, choques elétricos, lesões por instrumentos cortantes e perfurantes, entre outras.

Pequenas adaptações e medidas preventivas, além de impedir ou reduzir a ocorrência de acidentes, podem aumentar a sensação de afeto e melhorar a autoestima dessas pessoas.

É imprescindível manter medicamentos, produtos químicos e de limpeza fora do alcance de crianças, bem como facas e objetos perfurocortantes. Cabos de panelas devem ficar voltados para a parte de trás do fogão. E, de acordo com a idade, é recomendável a instalação de redes de proteção em janelas e de protetores nas tomadas.

Com os idosos, o acidente mais comum a afetá-los é a queda, em especial no banheiro, podendo gerar fraturas, traumatismos e hematomas, além de privá-los de autonomia e independência, comprometendo a qualidade de vida. Para reduzir os riscos, o ideal é promover uma reforma nas instalações, adaptando-as às suas necessidades. Algumas recomendações, igualmente válidas para pessoas com deficiência ou mobilidade reduzida, são dispostas a seguir:

- amplie o banheiro e instale barras de apoio dentro e fora do box;
- a pia deve ser mais baixa e sem gabinete;
- evite o uso de tapetes que possam proporcionar escorregões, prendendo-os com fita adesiva dupla-face para impedir o deslizamento e utilize tapetes de borracha no piso do box;
- um banco para assentar-se pode auxiliar no banho ou para escovar os dentes;
- aumente o índice de luminosidade dos ambientes para facilitar a visualização e instale tomadas a um metro de altura para que não seja preciso abaixar-se;
- desobstrua o acesso a portas e corredores;
- caso haja o uso de cadeira de rodas, as portas devem ser mais largas para permitir sua passagem;
- instale corrimãos e coloque antiderrapantes nas escadas;
- prefira pisos frios que dispensem ser encerados;
- elimine desníveis entre pisos, construindo pequenas rampas.

DOENÇAS CIBERNÉTICAS

Em tempos de conectividade, quando o computador se mostra imprescindível, novas patologias físicas e psicológicas se apresentam.

Uma condição ergonômica adequada é o ponto de partida para evitar a ocorrência de distúrbios osteomusculares relacionados ao trabalho (DORT) e fadiga visual no uso de computador.

Assim, o monitor deve ficar posicionado de modo que o centro da tela esteja na altura dos olhos e a cerca de 45 a 60 cm do rosto.

A cadeira deve ser confortável, ajustada para a altura do usuário e conter apoio para os braços. Os pés devem ficar apoiados no chão ou sobre um suporte. O mouse e o teclado devem ser do tipo ergonômico.

Ao trabalhar durante muito tempo diante do computador, ocorre acomodação da musculatura ocular e redução na frequência de piscadas, podendo acarretar dores de cabeça ou fadiga, bem como ressecamento da córnea, em virtude da menor produção de lágrimas.

A recomendação são pausas estratégicas de apenas trinta segundos a cada meia hora e pausas essenciais de dois a cinco minutos a cada hora, as quais contribuirão também para aumentar sua energia e concentração. Nos intervalos maiores, o ideal é movimentar-se em direção a uma luz mais forte, entrando em contato com paisagens naturais, expondo-se a mudanças visuais ou mentais. Olhe ao longe ou feche os olhos para relaxar a musculatura.

Do ponto de vista psicológico, algumas fobias observadas nestes novos tempos estão relacionadas à incapacidade de desvincular-se do uso da tecnologia. Há pessoas que não conseguem deixar de falar ao telefone celular quando caminham, dirigem ou mesmo ao fazer uma refeição. Outros consultam o *smartphone* para acessar e-mails a todo instante. Sem falar nos compradores compulsivos, aficionados nos chamados *gadgets*, ou seja, qualquer tipo de instrumento eletrônico lançado no mercado.

Finalmente, há as patologias de cunho social. Pessoas que rastreiam e vasculham o perfil de outras na internet e em redes sociais, invadem *blogs* para postar comentários, navegam compulsivamente por páginas de pessoas que não conhecem, expõem a própria vida privada por meio de textos e fotos de acesso público, bem como tentam assumir uma personalidade falsa, criando uma identidade fictícia que, por vezes, confunde-se e chega a assumir o posto de perfil principal.

ATIVIDADE FÍSICA E EXERCÍCIO FÍSICO

A atividade física consiste em qualquer movimento do corpo, enquanto o exercício físico equivale ao movimento repetitivo e programado com o propósito de contribuir com a saúde.

Embora exercícios físicos sejam muitas vezes praticados com finalidade estética, por proporcionar a redução do peso corporal, eles são, em verdade, um poderoso instrumento de prevenção de doenças, propiciando o aumento da capacidade respiratória, circulatória e da densidade óssea (combate à osteoporose), além de atenuar os índices de estresse e ansiedade, contribuir com a criatividade e a memória, bem como promover a elevação da autoconfiança e da autoestima.

Nossos ancestrais precisavam caminhar em busca do alimento, obtendo-o por meio da caça, pesca ou coleta. O desenvolvimento da sociedade criou a figura do sedentário, ou seja, daquele que produz seu sustento trabalhando sentado. Hoje, praticamos o sedentarismo com naturalidade, enxergando o movimento como supérfluo. Deslocamo-nos sobre rodas, caminhamos por esteiras e escadas rolantes, usamos controles remotos. Substituímos jogos ao ar livre por videogames e passeios pela televisão.

Para a prática esportiva há dois pré-requisitos básicos: prazer e regularidade. E um decorre do outro.

O primeiro passo é descobrir uma atividade alinhada ao seu perfil, de modo que a pratique de forma despretensiosa. Você até poderá competir em torneios, participando de ligas segmentadas por sexo e idade, conquistando troféus e medalhas e cultivando novas amizades. Porém, atente para não fazer da busca pela excelência um fim em si mesmo, ou o prazer poderá dar lugar à angústia e à frustração. Essa é uma atribuição para esportistas profissionais.

O condicionamento do corpo pode ser realizado em academias, em casa ou em áreas públicas. Você pode optar por atividades aeróbias (corrida, bicicleta, esteira), aquáticas (natação, hidromassagem), de resistência muscular (musculação) ou para flexibilidade (alongamento, *yoga*).

Quando em exercício, concentre-se naquilo que estiver fazendo. Isso significa não ler enquanto pedala na bicicleta, ouvir música enquanto caminha ou ver TV enquanto corre na esteira. O foco de sua atenção deve estar na atividade. Sinta sua movimentação muscular, acompanhe sua respiração.

Nada de praticar exercícios em locais com poluição intensa, como ruas e avenidas movimentadas. Prefira horários com menor tráfego, áreas arborizadas quando disponíveis ou deixe para se exercitar em casa. Fuja também do calor excessivo, para não sofrer desidratação: beba água e utilize roupas leves que facilitem a transpiração, bem como calçados adequados.

Faça um lanche leve trinta minutos antes das atividades físicas. Isso vai melhorar seu rendimento. E nunca se exercite em jejum, para evitar hipoglicemia, cãibras e arritmias causadas pela queda de potássio no sangue.

Meça a frequência cardíaca em repouso pela manhã, após os treinamentos. Caso observe sua elevação, isso pode indicar que a atividade física está sendo realizada em excesso.

Por fim, a regularidade traz mais benefícios à saúde do que a intensidade da atividade física. Você terá que encontrar algo capaz de mexer com seus pulmões e seu coração, praticando com regularidade. O ideal seriam trinta minutos diários de atividade. Contudo, você pode optar pela prática duas ou três vezes por semana. Mas lembre-se de que você deve buscar uma orientação individual com um médico.

Seja paciente com seu corpo, ouça sua respiração e monitore sua frequência cardíaca. Além disso, faça uma avaliação cardiovascular, respiratória e ortopédica antes de iniciar qualquer atividade física, incluindo um teste ergométrico conduzido por um cardiologista habilitado.

FISIOLOGIA DO MEDO

Muitos foram os esportes que pratiquei, e cada um legou-me aprendizados distintos.

O basquetebol ensinou-me a trabalhar em equipe; e o tae kwon do, a ser individualista. Já a natação serviu para mitigar problemas de saúde, enquanto o xadrez ajudou-me a desenvolver uma visão estratégica. A canoagem trouxe-me o equilíbrio, e o iatismo, a concentração. A esgrima, foco e competitividade, em oposição ao surfe, este com a resignação de que não é necessário competir contra ninguém... Entre todas essas experiências, uma pode acertadamente ser rotulada como "radical": o paraquedismo.

Nem me perguntem como surgiu a ideia. Lembro-me de seguir de carro pela Rodovia Castelo Branco, aportando na cidade de Boituva, ainda hoje sede do Centro Nacional de Paraquedismo.

Dos exatos 30 saltos que realizei em minha breve carreira, com um reserva acionado no sétimo salto, ficou a lembrança de algumas sensações e um grande aprendizado: enfrentar e respeitar o medo.

Saltar é um elogio à adrenalina. Você a sente permeando seu sangue tão logo inicia a preparação, quando é "equipado" com roupas apropriadas, paraquedas postado nas costas, altímetro posicionado no peito ou no dorso da mão e óculos de proteção.

Após uma sessão de *briefing* – uma simulação em terra do salto –, adentra-se a aeronave, quase sempre um Cessna monomotor ou bimotor que singrará os céus por 45 minutos até atingir a altitude adequada. Sentado na carenagem do avião, pois os bancos são removidos, você acompanha a evolução vagarosa do ponteiro no altímetro, aprecia a paisagem e pensa na vida...

Contudo, o momento de maior tensão ocorre quando o piloto corta o motor da aeronave, que passa apenas a planar. A porta do pequeno avião é aberta, o vento invade com veemência seu interior e você se dirige ao estribo, de onde mergulhará para o nada, para a amplitude do horizonte, navegando através das nuvens, feito pássaro, entre *loopings* e giros, durante intermináveis 60 segundos.

Depois, há o desafio de comandar a abertura do paraquedas, contemplar os arredores enquanto realiza manobras que colorem o firmamento, visualizar o alvo e aterrissar, sempre em segurança, desde que os devidos procedimentos sejam observados.

Recordo-me que, durante a semana, quando trafegava por uma rodovia qualquer, ao abrir a janela do carro e colocar o braço com a mão espalmada para fora, sentindo o vento forte a arrastá-lo, o êxtase percorria meu corpo, como se eu estivesse a 12 mil pés. Entretanto, com o passar do tempo, essa sensação se esvaiu. Afinal, a gente se acostuma a tudo. E, tempos depois, diante da chegada de meu primeiro filho, abdiquei do esporte, não por mim, mas em respeito a ele.

A fisiologia do medo remete à ação de neurotransmissores como a noradrenalina e a serotonina, os quais conduzem a duas perspectivas possíveis: luta ou fuga. Opte por lutar. Ou você enfrenta o medo ou o medo vence você. O medo da mudança, o medo da insegurança, o medo das circunstâncias. O medo de tomar uma decisão e dar um passo adiante causa paralisia e mata o progresso. Você enfrenta aquilo que o amedronta e ganha coragem depois. Não antes.

Abdique da estabilidade infeliz, combata a hesitação, repudie aquilo que o afronta. O maior receio não é o de errar, mas o de não tentar. A questão não é dominar o medo, mas controlá-lo. O medo que desafia, mas não paralisa; o medo que se enfrenta e se supera.

Por tudo isso, cultive a coragem. Coragem para refletir e se conscientizar. Coragem para ter o coração e a mente abertos para agir e mudar se preciso for.

> *Lindo é o sol que não tem medo de morrer para nascer no outro dia.*
> Joyce Morgan

A PSICOLOGIA DO HUMOR

O último aspecto de uma vida saudável não se conquista durante o sono, não está disponível em alimentos ou em drágeas, nem pode ser obtido por meio da atividade física. No entanto, influencia e é influenciado por todos esses fatores, em uma relação biunívoca. Trata-se do bom humor e da postura positiva diante da vida.

Está comprovado cientificamente que o riso e a alegria estimulam a produção de endorfina, outro neurotransmissor, este responsável pela sensação de bem-estar.

Há uma correlação positiva entre as respostas emocionais fornecidas pelo sistema nervoso central quando estimulado por situações agradáveis e o sistema imunológico. É por isso que a chamada risoterapia tem sido utilizada com êxito no tratamento de doenças, com função anestésica e psicológica diante da dor.

Cultivar o bom humor é uma questão de atitude, não custa nada e é contagiante. Por isso, sorria! Seja confiante e autêntico, inclusive diante de adversidades. Sua visão, outrora turva, tornar-se-á espantosamente lúcida.

FAZENDO ACONTECER COM POUCO DINHEIRO

O último tópico de cada capítulo terá por objetivo confrontar um paradigma, segundo o qual não é possível realizar muitas atividades devido a restrições orçamentárias.

Minha preocupação será demonstrar que muito pode ser feito independentemente da disponibilidade financeira.

Assim, uma dieta saudável não é cara, pois pode se basear em alimentos produzidos regionalmente e *in natura*.

Quanto à atividade física, você pode caminhar, correr pelas ruas ou em parques públicos, bem como fazer exercícios em casa, por exemplo, abdominais e flexões.

A meditação pode ser praticada por qualquer pessoa, em qualquer lugar, e um *check-up* pode ser realizado por meio do sistema público de saúde, por maiores que sejam as dificuldades de agendamento.

Vida 2
Família e Afetividade

*Seu crescimento na vida
depende do carinho que dedicar aos
jovens, da paciência com os velhos,
da simpatia pelos adversários,
da tolerância para com fracos e fortes.
Porque um dia você vai estar em uma
dessas situações.*

George Washington Carver

Agora que você cuidou bem de sua saúde, procure dispensar toda a atenção possível ao aspecto mais fundamental de sua vida: as relações afetivas. Acredite, isso é mais relevante que uma carreira bem-sucedida ou uma gorda conta bancária.

Muitos têm grandes famílias – aquelas em estilo italiano. Alguns, famílias reduzidas a pais e irmãos. Outros, famílias distantes, na geografia ou na memória. Independentemente do modelo familiar em que você se situe, cuide bem de todos aqueles que o integram. Seja a *nona*, com netos, sobrinhos, primos e toda uma árvore genealógica em volta; sejam os pais idosos, aposentados ou na ativa; sejam irmãos, com os quais tanto se discute e discorda; sejam entes queridos, presentes em filmes de super-8, 16 mm, VHS, DVD ou blu-ray, retratos em preto e branco ou cartas amareladas pela ação do tempo.

PAIS

Eles já gritaram com você e te colocaram de castigo, bem como lhe proibiram telefonemas, som e computador.

Também já brigaram com você para tomar banho, arrumar o quarto e fazer as tarefas escolares. Fizeram com que você comesse ervilhas, quiabo e jiló, quando preferia batatas fritas, refrigerante e bolo de chocolate.

Já desligaram a televisão na última parte do filme, o videogame quando o recorde estava para ser batido e fizeram você voltar da festa mais cedo, bem quando aquele beijo estava por acontecer...

Eles também já opinaram sobre seu presente e seu futuro, questionando algumas de suas amizades, desdenhando de seus namoros e sugerindo opções de carreira para sua vida profissional.

Em razão de tudo isso, você já lhes respondeu em alto e bom tom de voz. Talvez até já os tenha ferido com xingamentos e gestos obscenos.

Você já bateu a porta na cara deles, já fez greve de fome e de silêncio, já prometeu fugir de casa, depois sair de casa e depois sair da vida deles.

Já lhes disse não querer e não precisar de opinião, pois você sabe o que deseja e faz. Já os chamou de caretas, ultrapassados, antiquados, atrasados, fracos.

E, inúmeras vezes, proferiu a frase: "Vocês não me entendem!"

Daí um dia você desperta e percebe que bom sono e boa alimentação fizeram de você uma pessoa mais saudável. Nota que disciplina e estudo contribuíram para seu desenvolvimento e que alguns de seus amigos não eram tão amigos assim...

Descobre que idealismo demanda muito esforço e ação para se tornar realidade. E que a experiência é como uma lanterna que desfere um facho de luz, o qual, vindo de trás, ilumina o caminho que se tem adiante.

Nesse dia, você percebe que amadureceu. E começa a entender que eles não eram caretas, mas comedidos; antiquados, mas experientes; fracos, mas precavidos.

Então você se lembra de que eles já te pegaram no colo quando chorou e já lhe estenderam a mão para atravessar a rua para ir à escola – ou para subir as escadas após o porre de uma noite infeliz.

Percebe que não lhe faltaram roupas para acalentar o frio, ervilhas e também batatas fritas para saciar a fome, medicamentos para proporcionar a cura, livros e cadernos para promover o conhecimento. Além de carinho, afeto e atenção para nutri-lo de virtudes, moldar-lhe o caráter, ungi-lo de compaixão.

Talvez você se dê conta disso quando deixar de conviver na mesma casa, seja em razão dos estudos, de uma oportunidade profissional ou porque vai se casar. Ou talvez você nunca se dê conta disso...

Assim, aproveite hoje para dizer o quanto ama seus pais, sem medo de que isso pareça um clichê. Infelizmente, pode não existir chance melhor para fazê-lo. Telefone, peça perdão e aprenda a perdoar. Descubra o poder de um abraço revestido de ternura e sinceridade.

> *É na educação dos filhos*
> *que se revelam as virtudes dos pais.*
> Coelho Neto

SOBRE MINHA MÃE

Falar sobre Ana, minha mãe, consumiria todas as laudas reservadas a este livro, e estas ainda seriam insuficientes. Tantos eram seus predicados que até a um escritor faltam palavras para descrevê-la.

Todas as lembranças que tenho dela são edificantes. Sempre a tive ao meu lado, desde minha infância enferma, quando me carregava no colo, ainda muito pequeno e franzino, para ser medicado no hospital público em que passei longo período em tratamento por febre reumática.

Recordo-me das dores incômodas que me acometiam as articulações. A prescrição foi um conjunto de injeções de Benzetacil, uma potente droga à base de penicilina, tomada a princípio todos os dias, depois em dias intercalados e, finalmente, com frequência semanal, quinzenal e mensal.

Lembro-me também de quando juntos íamos à feira livre, nas sextas pela manhã. Naquele tempo, quase não havia mercados municipais ou sacolões, e os supermercados pouco comercializavam frutas, legumes e verduras com variedade e qualidade. O grande palco para adquirir esses produtos eram as feiras livres. Estacionávamos o carro em uma rua sem saída, atravessávamos a avenida e, com duas grandes sacolas em mãos, percorríamos todas as barracas. Ela carregava sozinha uma das sacolas, e a outra, mais pesada, era dividida entre nós, cada um segurando uma das alças.

Suas refeições eram maravilhosas, como aquelas que só as mães – e algumas avós – sabem fazer. Hoje sei que não são somente os ingredientes ou os condimentos, mas o carinho e o amor com que cada prato é preparado que conferem a ele um sabor inigualável.

Minha mãe sempre me apoiou em praticamente tudo o que eu fazia. Não porque fosse permissiva, mas porque sabia como me havia educado e confiava em mim. Esteve ao meu lado quando decidi jogar basquetebol, fazer artes marciais e canoagem, e quando comecei a praticar paraquedismo. Incentivou a compra de meu saxofone e compreendeu quando desisti de fazer escola técnica em eletrônica para seguir o caminho das humanidades.

Além disso, acompanhou minha ascensão profissional, meu primeiro casamento e o nascimento de meus dois primeiros filhos. Depois, assistiu a meu declínio e a meu divórcio. Infelizmente, não viveu para conhecer sua neta, testemunhar meu sucesso como palestrante e escritor e não está fisicamente comigo hoje para ler este livro.

No ano de 2004, ela foi diagnosticada com hepatite. A doença foi contraída possivelmente em decorrência de uma transfusão de sangue recebida muitos anos antes.

A enfermidade progrediu, e o tratamento foi intensificado. Nessa época, ela residia em Boa Vista, capital de Roraima, e teve que se deslocar a São Paulo para uma série de exames. De posse dos resultados, o médico tomou uma decisão equivocada, não alterando a dosagem de determinado medicamento, o que acabou por lhe comprometer o sistema imunológico. Como bem dizia Paracelsus, a diferença entre o remédio e o veneno está na dose. Já muito fragilizada, retornou a São Paulo em companhia de minha irmã Sônia, médica obstetra. Foi internada na UTI, pois seu estado inspirava muitos cuidados. A contagem de plaquetas era minúscula, os riscos de hemorragia eram constantes e as transfusões eram vitais.

Na primeira noite de vigília, sentado em uma mesa no café do hospital, redigi o texto que apresento na sequência. A noite seguinte seria a última dela entre nós. Seu sepultamento ocorreu em uma manhã de sábado, nublada e chuvosa. Também os céus lamentaram sua partida.

 Ensaio sobre a lágrima

Sempre apreciei a expressão "olhos marejados". É, para mim, de uma beleza plástica incrível. Os olhos, as "janelas da alma". E o mar, com seu ir e vir das ondas.

Olhos marejados são assim. Lágrimas que pensam em deixar o conforto dos olhos, mas que se retraem como quem diz: "Ainda não é hora" ou, então: "Não posso ainda me desnudar".

A lágrima revela tudo. Insólita por natureza, carrega consigo dor, tristeza, alegria, emoção. A lágrima marejada contém-se em si mesma. Ela é suficiente para cobrir toda a superfície ocular. Faz os olhos brilharem, refletindo a transparência da alma.

Hospitais são locais em que pessoas doentes são tratadas. Construções de paredes sólidas e áridas, brancas e gélidas. Uma arquitetura na qual o calor naturalmente se dissipa e as vozes ecoam de modo assustador – tal como as rodas e rodízios das cadeiras e macas que perambulam pelos corredores.

Acho que um dia alguém metido a "marqueteiro" passou por um hospital e percebeu que ali faltava algo. Resolveu colorir as paredes das alas de pediatria, instalar uma capela no térreo e criar um banco de sangue. Tudo isso para humanizar aquele ambiente – porque o que lhe faltava era vida.

Ao contrário do que se faz supor, hospitais, e aqui excluo as maternidades, são moradas não da saúde, mas da doença. A saúde reside no sorriso maroto de uma criança, nas árvores que florescem na primavera, na conjunção erótica dos amantes. Nos hospitais, habitados pela doença, a morte espreita, vagando livremente, rindo com sarcasmo do sofrimento de internos e familiares.

Os profissionais – médicos, enfermeiros e assistentes – aprendem a ser heróis sem coração. Heróis porque lutam contra a engenhosidade ardilosa da doença que busca refúgio nos recônditos da complexidade do corpo humano, procurando dificultar o trabalho de sua descoberta. Trata-se de um jogo de caça, de esconde-esconde, no qual o bem luta para triunfar, enquanto o mal, uma vez instalado, dá-se por vitorioso desde o início, nada tendo a perder.

Entretanto, por atuarem em uma batalha tão desigual, muitas vezes patrocinada pelo despreparo, pela desqualificação ou pela desestrutura, esses heróis aprendem a dominar suas emoções. Afinal, são tantos dias, dias após dias, horas e mais horas, enfrentando as adversidades, testemunhando a amargura velada ou silenciosa de seus pacientes, acompanhando o desespero e, por vezes, o destempero de familiares – que transitam com suas faces avermelhadas e seus óculos escuros, e não em decorrência do esplendor do sol –, que tudo aquilo se torna rotineiro. Cena do cotidiano.

Quando seu time de futebol vence uma partida, você fica feliz. Até esfuziante. Cada gol é comemorado como se fosse único. Contudo, se a equipe se torna imbatível, as conquistas perdem o sabor, porque se tornam previsíveis. A felicidade vira alegria. A alegria vira desdém. Assim ocorre com a maioria dos médicos. A sensibilidade se esvai, por hábito e por dever de ofício. E eu os respeito por isso, porque seria incapaz de fazê-lo. Por esse motivo escolhi como profissão a mente, e não o corpo das pessoas. Fiz de um lápis, uma caneta ou um teclado meu próprio bisturi.

Em uma manhã fria e cinzenta de novembro, de um distante, mas sempre próximo ano de 2004, minha mãe nos deixou. Não nos faltou empenho. Não nos faltou solidariedade. Não nos faltou fé. Só nos falta ela. Os olhos já não estão mais marejados, porque as lágrimas decidiram que era hora de se despir e ganhar o mundo. Tomaram formatos e feições diversas, algumas discretas como o orvalho da manhã, outras intermitentes como garoa paulistana.

Os céus, em sintonia, harmonia e deferência, derramaram suas lágrimas por meio da chuva, anunciando a purificação, a renovação e a mensagem de que a vida segue.

SOBRE MEU PAI

Quase cinco anos após o falecimento de minha mãe, voltei a hospitais. Getulio, meu pai, teve o que parecia ser um AVC (acidente vascular cerebral), mas uma tomografia indicou algo pior: tratava-se de um edema oriundo de metástase de um câncer posteriormente identificado em seus pulmões. Foi uma grande surpresa, devido ao fato de ele não ser fumante e cultivar um bom estilo de vida.

Mais intrigante ainda é que a doença não era recente e possivelmente vinha se desenvolvendo há mais de 10 anos! De fato, exames clínicos diversos e mesmo radiografias eventuais foram insuficientes para sinalizar uma doença silenciosa e perversa como esta.

Durante quatro meses vivemos uma verdadeira maratona, passando por diversos hospitais, enfrentando uma burocracia invejável, digna do mais áureo período do militarismo em nosso país, para obter guias e autorizações dos burocratas do sistema. A saúde, tal qual a educação, é um excelente negócio...

Podemos sobreviver 50 dias sem comer, 100 horas sem beber água, 15 minutos sem respirar, mas nem um único segundo sem fé. E embora tenhamos feito mais do que o possível, buscado todos os meios e recursos necessários e cultivado a esperança de que o bem deve triunfar sobre o mal, perdemos também esta guerra.

Meu pai foi uma importante referência para mim. Não chegou a ser um exemplo completo, daqueles que se procura reproduzir com fidelidade, em razão de termos temperamentos bastante distintos – tanto que nos afastamos em algumas ocasiões, bem como vivenciamos alguns conflitos quando trabalhamos juntos, devido às diferentes visões de negócio e de futuro.

No entanto, sempre nutri grande admiração por sua capacidade de enxergar oportunidades e empreender. Com tenacidade, ele contornou a falta de estudo, colocando a escola da vida a seu serviço. Nunca aprendeu planejamento na teoria, mas sempre controlou com assertividade receitas e despesas, tarefas e compromissos. Jamais descobriu como manusear um computador, porém sempre registrou as informações que julgava pertinentes em uma caderneta de papel com uma simples caneta.

Com meu pai aprendi a empreender e a fazer contas. Também aprendi a levantar com a cabeça erguida a cada queda, visto que não foram poucas as vicissitudes que ele enfrentou. Só lamento não ter conseguido lhe ensinar, em troca, que a vida é mais fácil de ser conduzida quando a ação encontra o pensamento positivo.

Ele partiu em um momento em que estávamos mais próximos do que nunca, ainda que distantes geograficamente. E, em seus últimos dias, as limitações patrocinadas pela doença aproximaram-no de um recém-nascido, fazendo-o demandar auxílio para movimentar-se, alimentar-se, higienizar-se. Estive presente em todos estes momentos, como que ensaiando as mesmas tarefas que logo desempenharia com minha filha que estava prestes a nascer. Esta foi sua lição final.

> *Chora, Tistu, chora. É preciso.*
> *As pessoas grandes não querem chorar, e fazem mal,*
> *porque as lágrimas gelam dentro delas, e o coração fica duro.*
> *Maurice Druon*
> *In: O menino do dedo verde*

IRMÃOS

A exemplo dos pais, cultive o relacionamento com seus irmãos. Os laços consanguíneos representam uma força muito intensa e são eles que costumam falar mais alto nos momentos de adversidade. A rigor, em situações extremas, a tendência é que você possa contar com seus pais e irmãos, mais do que com qualquer outra pessoa.

É comum a memória nos remeter aos tempos de infância e adolescência, quando as relações com os irmãos não eram as mais amistosas possíveis. Pequenas disputas por espaço, por brinquedos, pela atenção dos pais. Todavia, a maturidade nos permite dimensionar adequadamente a importância dessas pessoas em nossas vidas.

Aprendi algumas boas lições com minhas irmãs. Primeiro, muito do que sou hoje devo à interferência delas na minha mais tenra idade. Se me tornei um leitor ávido, um apaixonado pela escrita e um praticante contumaz de esportes, foi porque minha irmã Sandra sempre me presenteava com livros e me carregava consigo para um centro esportivo municipal.

De minha irmã Sônia, herdei a determinação e a generosidade inerentes à sua personalidade. Quando ela ainda estava no ensino fundamental, já havia decidido estudar medicina. E perseverou com dedicação em busca desse sonho, tornando-se uma profissional requisitada e respeitada. Além disso, sua vocação em atender ao próximo e a servir, que vinha desde os tempos em que morávamos juntos, quando ela organizava pequenos almoços para seus amigos, portando-se como uma incrível anfitriã, legaram-me a generosidade como valor e virtude a serem perseguidos.

Com as gêmeas, Andréa e Andressa, tive menor convivência. A diferença de seis anos entre nossas idades distanciou-nos naturalmente. Afinal, quando eu saía de casa para tentar a sorte trabalhando em outra cidade, elas eram ainda pré-adolescentes. Contudo, essa distância e os diferentes caminhos que seguimos ensinaram-me que nos momentos difíceis deve prevalecer o apoio e a aceitação, mesmo sem concordância.

Uma última grande lição que aprendi é que há amigos que são mais queridos que irmãos. Essa é uma lei que decorre da evolução da afetividade. São aquelas pessoas – e você certamente já se deparou com gente assim – que lhe estendem a mão no exato momento em que todos o abandonam ou se esquivam. Esse é um assunto que abordarei mais adiante.

FILHOS

Dê toda a atenção possível a seus filhos, se ou quando os tiver. A melhor herança que podemos conceder-lhes são alguns minutos diários de nosso tempo. Diz um provérbio latino: "Bendito aquele que consegue dar a seus filhos asas e raízes". Nossa postura profissional pode estimulá-los a criar asas, vislumbrando sonhos e um futuro brilhante, mas somente a convivência será capaz de criar as raízes dos valores e da cultura que embasarão com propriedade essas visões.

Participe de cada pequena vitória do desenvolvimento deles. Elogie-os constantemente. Policie-se no uso da palavra "não" – você pode negar algo de forma construtiva, propondo-lhes alternativas. Mas permita-lhes fazer coisas que só crianças saudáveis fazem, como correr pela casa, andar de pés descalços, soltar grandes gargalhadas. Brinque com eles de cavalinho no meio da sala, atire travesseiros quando estiverem no quarto – e aproveite para ensiná-los a colocar tudo em ordem depois.

Participe também de suas atividades escolares, das festinhas de aniversário dos colegas e beije-os antes de dormir, mesmo se ao chegar já estejam no sétimo sono.

Por fim, sirvo-me de uma sugestão adaptada de Richard Gold. Na data de comemoração do aniversário de seus filhos, escreva-lhes cartas. Eu disse escrever, não digitar. Papel e caneta em punho, registre em uma ou duas folhas como transcorreu o ano que se completa. O que seu filho fez, como foi seu desenvolvimento, alguma passagem unindo-o a você e a seus familiares. Seja criativo, sintético, mas fundamentalmente emotivo. Guarde essas cartas em um cofre ou local bem seguro e as entregue, todas de uma só vez, quando o jovem completar 18 anos. Na idade que sentencia a maioridade, em que pese todo o ritual de passagem que a sacramenta, este será, sem dúvida, um presente único e original.

SOBRE GABRIEL E MATHEUS

A presença de uma criança em um lar altera definitivamente o curso da história de seus pais. Nem sequer é necessário aguardar pelo nascimento: basta a notícia da gravidez para que planos, metas e desejos pessoais sejam desconstruídos diante da iminência de uma nova vida que se anuncia.

Experimentei essa sensação quando Gabriel, meu primogênito, mandou avisar que estava a caminho. À época, eu saltava de paraquedas, como já relatei antes. Embora fosse um esporte bastante seguro – 100% dos paraquedistas que sobem, descem... –, a paternidade e as responsabilidades dela decorrentes fizeram-me abdicar dessa prática esportiva.

Um bebê muda a rotina de um casal. A começar pelas quase invariáveis noites maldormidas, com repouso interrompido pela madrugada adentro para acudir a fome que desperta, a cólica que não passa, o choro que não cessa, até que o acalentar carinhoso, reconfortante e seguro de um pai ou uma mãe, embora cansados e entorpecidos, embale a tranquilidade do sono.

Um ano e oito meses depois chegaria Matheus. E a experiência de ser pai legou-me muitas surpresas, inquietações e aprendizados.

Uma surpresa, certamente compartilhada pelos pais desta chamada geração Y, é a facilidade de aprendizado e interatividade das crianças. Definitivamente eles nascem com um microprocessador implantado, sabe-se lá onde, que lhes confere uma habilidade incrível no manuseio de equipamentos eletrônicos e igual velocidade na capacidade de processar ideias e tarefas simultâneas, como resultado de um mundo midiático, capitaneado antes pela televisão e agora pela internet. Uma inquietação poderia ser o receio imanente a muitos pais, que chegam a postular não ter filhos em um mundo governado por individualismo, ganância e ausência de valores virtuosos, no qual guerras, violência e drogas vicejam. Todavia, aceitar esses postulados seria renunciar à esperança de dias melhores, vivendo melancolicamente à luz de um passado que, por vezes, nem sequer chegamos a conhecer. Pura nostalgia.

> *A melhor maneira de ter bons filhos é fazê-los felizes.*
> Oscar Wilde

Agora, algumas lições da cartilha de um pai e seus dois filhos.

A primeira é sobre a relatividade do tempo. Não, não se trata de uma teoria física. Falo da qualidade das relações interpessoais. Minha separação conjugal, lavrada em um tempo em que apenas se cogitava o instituto da guarda compartilhada, determinou que, como de hábito, eu ficasse com os garotos em finais de semana alternados. Isso significava 2 dias a cada 15, ou seja, entre 36 e 48 horas a cada duas semanas, dependendo de eu estar em companhia deles a partir de uma sexta-feira à noite ou de um sábado pela manhã.

Esses longos intervalos ensinaram-me que era possível ser um pai melhor e mais presente em um simples final de semana do que eu fora antes, convivendo todos os dias sob o mesmo teto. A relatividade da quantidade *versus* qualidade.

A segunda lição é sobre autoestima. Quando Gabriel estava na pré-escola e Matheus no jardim de infância, ao final de cada bimestre eles levavam para casa pastas contendo suas atividades realizadas em aula. Eram folhas de sulfite com exercícios variados, como colagens, desenhos e pinturas. O convencional era folhear as atividades, parabenizar a criança, beijar-lhe a face e guardar o material de volta na pasta, a qual seria arquivada em um armário qualquer.

O ano era 2001, e o Brasil vivia uma crise no abastecimento de energia elétrica – o chamado "apagão elétrico". As escolas, assertivamente, abordavam o assunto com seus alunos, inclusive os mais jovens. Foi nesse contexto que encontrei um desenho criado por Gabriel, acompanhado da seguinte frase: "Feche a torneira e apague a luis [sic]". Sem hesitar, afixei aquela folha no lavabo. Ato contínuo, decidi selecionar mais trabalhos, os quais foram colocados em outros aposentos da casa. Evidentemente, procedi da mesma forma com algumas tarefas de Matheus, em igual quantidade.

O resultado dessa iniciativa foi observar o orgulho estampado no rosto de meus filhos por verem seus trabalhos expostos publicamente, acessíveis a qualquer pessoa que nos visitasse em casa – inclusive seus próprios amiguinhos. Além de elevar-lhes a autoestima, houve um sensível aumento do comprometimento pessoal deles com as tarefas escolares. Afinal, perceberam que qualquer uma das atividades poderia ser escolhida no futuro para exposição em casa, dado que eu fazia um sistema de rodízio dos trabalhos.

A terceira lição é sobre passar adiante. Gabriel ainda era muito pequeno, creio que tinha pouco mais de 3 anos, quando comecei a notar que ele desistia com facilidade diante de dificuldades. Fosse uma brincadeira ou um jogo de montar, quando as coisas não saíam ao seu agrado, ele se irritava, depois se encabulava e, por fim, abandonava o que estava fazendo.

Certo dia, flagrei-o em uma dessas circunstâncias. Preocupado que crescesse com baixa resiliência, fragilizado diante das muitas e certas vicissitudes da vida, aproximei-me para conversar. Procurei saber o que o afligia e o porquê de sua reação intempestiva. Conversamos demoradamente, eu falando, ele ouvindo. A tônica do diálogo era simples: resista. Seja paciente, busque outro caminho, contorne a irritação, persista no objetivo, mas, fundamentalmente, não se entregue.

Pouco mais de um ano depois, surpreendi-me com a seguinte cena. Aproximando-me da sala de estar, avistei as crianças brincando.

Matheus ensaiava chorar em razão de não ter obtido êxito em um determinado jogo. Foi quando Gabriel o interpelou, de maneira bastante objetiva, dizendo: "Não desista, irmão. Continue tentando que você consegue!".

A quarta lição é sobre dar atenção. Era uma sexta-feira, 7 de dezembro de 2001. Gabriel iria participar de uma apresentação teatral em sua escola representando um caçador em uma versão revisitada de "Chapeuzinho Vermelho". Por ser o quinto dia útil do mês, sua mãe, então bancária, não poderia comparecer. Lembro-me de ter-lhe dito: "Em todos os próximos meses haverá um quinto dia útil, mas esta apresentação de seu filho ocorrerá uma única vez". Eu sabia o que dizia, pois já havia cometido esse equívoco antes. Todavia, ela tinha acabado de ser promovida e receava uma retaliação caso se ausentasse do trabalho. Assim, decidiu não ir.

Ao término do espetáculo, aproximei-me de Gabriel, tal como os demais pais em relação aos seus filhos. Após parabenizá-lo e afagá-lo, ele me perguntou: "Onde está a mamãe?", ao que lhe respondi: "Mamãe não pôde vir porque teve que ir trabalhar. Mas o papai está aqui!". Ao ouvir isso, seu comentário foi contundente e desconcertante: "Pelo menos isso...!". Nunca me esqueci daquela frase e da expressão em seu rosto.

A quinta lição é sobre resignação. Minha separação conjugal coincidiu com o fechamento de minha empresa. Na ocasião, decidi sair de casa e recomeçar, procurando um local de baixo custo que pudesse funcionar simultaneamente como morada e local de trabalho.

Dessa forma, aluguei uma sala comercial que tinha uma divisória, a qual criava dois ambientes, e um banheiro integrado, com chuveiro. Em um ambiente coloquei um jogo de sofás e uma televisão, criando uma espécie de sala de espera durante o dia – que se transformava em sala de estar à noite. Também adaptei, em um espaço de pouco mais de um metro quadrado, um pequeno frigobar e um forno de micro-ondas – era minha cozinha.

No outro ambiente, duas mesas, cadeiras e armários herdados da antiga empresa, com computador, impressora, telefone e fax. Em pé, apoiado ao lado da divisória, ficava um colchão de casal, que à noite era posicionado no centro da sala de estar e onde eu dormia em companhia dos garotos quando estavam comigo.

Escritório durante o dia, casa durante a noite. No entanto, para Gabriel e Matheus, era sempre "o escritório". Morei nesse espaço durante mais de dois anos. Foi uma importante fase de transição. Aquela simplicidade ensinou-me a apreciar o momento e a valorizar tudo o que eu viria a conquistar depois. E essa foi uma lição muito bem aprendida igualmente pelas crianças.

Naquele ambiente, partilhávamos nossos finais de semana. Em um espaço confinado, brincávamos de pega-pega, rolávamos pelos sofás e sobre o colchão, ouvíamos música, assistíamos TV, brincávamos no computador, tomávamos banho e dividíamos a mesma cama. Em um período em que fiquei sem carro, os meninos conheceram como era andar de ônibus, comparando aquele momento aos tempos em que circulavam em um BMW. As refeições eram modestas, dentro do que era possível fazer em um micro-ondas e um grill portátil. Macarrão instantâneo com carne ou com filé de frango grelhado era um cardápio constante. E jamais me esquecerei de um domingo em que o valor de que eu dispunha era suficiente apenas para comprar metade de um frango assado, o que pôde saciar somente a fome deles.

Essas são lições que carrego sempre comigo e que foram, de certa forma, partilhadas por eles. Contudo, há uma última que só diz respeito a mim. Eu a descrevi em um artigo escrito no final de 2004, que reproduzo a seguir.

 A dor da despedida

A cada duas semanas o ritual se repete. Quando a sexta-feira se aproxima, minha rotina muda. Procuro arrumar a casa com mais cuidado, vou ao supermercado para pequenas compras supérfluas, consulto guias de programação infantil. Expectativa, alegria e até taquicardia. É dia de apanhar meus filhos para passarem o final de semana comigo.

A companhia das crianças é renovadora. Nada é comparável a ouvir o som macio de suas vozes pueris, compartilhar seus sorrisos e gargalhadas espontâneas, contemplá-los na tranquilidade do adormecer.

Os sábados são especiais. Despertamos juntos após uma noite de descanso em que três dividem um mesmo colchão – situação que não perdurará, pois as pernas deles crescem depressa... As refeições são feitas tardiamente. Jogamos de futebol a videogame. Eles discutem. E, em segundos, reconciliam-se. Dão trabalho para comer, mas comem. Invariavelmente, avançamos pela madrugada adentro. É um dia sem igual porque parece não ter fim.

Porém, a chegada do domingo prenuncia o fim dessa felicidade. As horas passam rapidamente. Quando percebemos, resta-nos espaço somente para o banho, arrumar as malas e pegar a estrada. Eles partem deixando saudades e lembranças por todos os lados: brinquedos, peças de roupas e a presença no ar. A casa fica grande; o coração, pequeno.

Lembro-me da experiência vivida em despedidas de amor. Adolescente, residindo em municípios diferentes, alternava com a namorada as viagens nos finais de semana. Aguardá-la na estação rodoviária era motivo de satisfação. Essa passagem lembra-me Saint-Exupéry e seu "Pequeno Príncipe":

"Teria sido melhor voltares à mesma hora, disse a raposa. Se tu vens, por exemplo, às quatro da tarde, desde as três eu começarei a ser feliz. Quanto mais a hora for chegando, mais eu me sentirei feliz. Às quatro horas, então, estarei inquieta e agitada: descobrirei o preço da felicidade! Mas se tu vens a qualquer momento, nunca saberei a hora de preparar o coração... É preciso ritos".

Há partidas, separações e despedidas. Em algumas situações dizemos "até logo", em outras, um resoluto "tchau". Entretanto, somente o "adeus" carrega consigo um bálsamo de dor, uma vez que é o único temperado com o aroma, doce ou amargo, do tempo.

A vida me tornou positivo e otimista. Aprendo por tentativa e acerto, e não por tentativa e erro. Vejo o copo meio cheio, e não meio vazio. Toda adversidade traz consigo lições e oportunidades. Contudo, ainda não aprendi a lidar com a dor de certos tipos de separação, como o adeus de uma despedida quando a vontade é ficar. Leonardo da Vinci dizia: "Onde há muito sentimento, há muita dor".

De todas as partidas, idas e vindas, encontros e desencontros, permeados pela razão ou pela emoção, pelo jogo do certo ou do errado, as maiores dores advêm dos momentos em que me distancio de mim mesmo, questionando meus propósitos, a trajetória em curso e os caminhos a trilhar. No entanto, os maiores prazeres também decorrem dessa redescoberta, quase sempre simples, sutil e inesperada.

*Como é fácil separar-se,
como é difícil encontrar-se de novo!*
Song Fang-Hu

AMIGOS

Quando crianças, temos um mundo inteiro para descobrir e explorar. E esse mundo parece não ter fronteiras, tamanha sua vastidão. Olhamos ao redor e tudo o que vemos é a linha do horizonte.

No entanto, há um aspecto muito bem delimitado, o qual corresponde à amizade. Nossos amigos são poucos e estão sempre próximos. Acompanham-nos à escola, curtem o recreio conosco, partilham a merenda. Ao lado deles fazemos as tarefas, estudamos para as provas, praticamos esportes e brincamos.

A idade avança e somos contemplados com o rótulo de adultos. Mudam nossos propósitos, nossas responsabilidades e prioridades. E, quase invariavelmente, também mudamos de casa, de bairro, talvez de município, Estado ou país.

Nosso mundo fica, então, bem delineado. Passamos a tratar com mais e mais pessoas e, paradoxalmente, cultivamos menos amizades, porque nossas relações são todas marcadas com o lacre da superficialidade.

Pessoas entram e saem de nossas vidas. Muitos passam a ser nossos conhecidos, de um vizinho que mora na casa ao lado ou no apartamento do andar de cima a profissionais que vemos em uma reunião de negócios ou congressos. Sobre estes, pouco ou nada sabemos, nem sequer o nome.

Já alguns passam a ser nossos colegas. Dividem o tempo e o espaço conosco, sobretudo no ambiente de trabalho. Em razão desse vínculo, temos objetivos comuns, metas a serem alcançadas e até valores corporativos alinhados. Sabemos seus nomes, seus cargos, suas atribuições, mas podemos conviver por anos, separados por uma única divisória ou porta, sem conhecer suas preferências, sua família, sua história de vida.

De tanto refletir, descobri algumas coisas que dizem respeito à amizade.

Amigos são pessoas que compartilham com alegria as nossas vitórias, bem como nos acolhem despretensiosamente nos maus momentos. Nós os descobrimos na adversidade e na infelicidade. São apoiadores por natureza, inclusive quando discordam de nossas posições. Bons ouvintes, concedem-nos sua atenção e sabem que muitas vezes não queremos opiniões ou comentários, mas apenas sermos ouvidos com paciência.

Adeptos da diversidade, pouco importa a eles aspectos como raça, credo ou condição socioeconômica, pois respeitam nossas diferenças antes mesmo de desfrutar as semelhanças. Surpreendem-nos com frequência e são admiráveis confidentes, dividindo seus segredos – e os nossos.

Não existem bons ou maus amigos, sinceros ou dissimulados. Por definição, um amigo é verdadeiro, honesto, leal e digno de honra e admiração. Lembro-me de Publius Syrus: "A amizade que acaba nunca principiou".

Melhor do que conquistar novos amigos é conservar os velhos. Por isso, visite seus amigos com regularidade. Evite que as relações se percam. Os escandinavos dizem que o mato cresce depressa nos caminhos que são pouco percorridos.

Um telefonema inesperado para quem você não encontra há muito tempo é incrível, mas imagine o poder de uma carta! Passamos pelos mensageiros, percorremos os telégrafos, conhecemos o telex e o fax, vivemos na era do e-mail e logo, quem sabe, faremos uso da telepatia. Contudo, nada supera uma mensagem manuscrita...

Aprendi com Richard Edler que não se constrói um relacionamento por telefone ou e-mail. São bons expedientes para se manter uma amizade, mas precisamos estar "cara a cara" com aqueles que apreciamos, pois as pessoas acreditam em quem elas veem regularmente. Olhos que brilham, braços que envolvem, palavras que acalentam. Vale o alerta de Fred Kushner: "Eu deveria ter visitado mais meus amigos e lhes contado como me sentia em vez de só encontrá-los em enterros".

A amizade torna as pessoas mais amenas, gentis, generosas e felizes. Entretanto, para se ter amigos, é preciso antes ser um, mostrando-se digno de sê-lo, cativando e cultivando a confiança. E isso demanda atitude...

Começar junto e terminar junto. Assim se edifica uma sólida amizade.

> *Não há solidão mais triste e pungitiva do que a do homem sem amigos. A falta deles faz com que o mundo pareça um deserto. Aquele que é incapaz de amizade tem mais de irracional que de homem.*
> *Francis Bacon*

AMORES

Finalmente, cuide de seu coração. Não do nível de colesterol e triglicérides – isso você já fez na sua primeira vida, cultivando hábitos saudáveis –, mas do coração-sentimento. O coração que aquece e, depois, esquece; que repele e, em seguida, apaixona-se; que ama e, depois, odeia – ou ama com ainda mais intensidade.

Procure escolher as pessoas certas, mas evite escolher muito. Seja seletivo, porém flexível. Faça de seus relacionamentos fontes de alegria e prazer. Nietzsche dizia que as relações que desafiam o tempo são aquelas construídas com base no diálogo. Logo, se você se imagina conversando agradavelmente, por exemplo, daqui a 25 anos, com a pessoa que está ao seu lado hoje, é porque esta é sua companhia ideal.

Valorize virtudes, seja condescendente com os defeitos. Seus e dos outros. Abdique de amores impossíveis ou não correspondidos – ou aprenda, por opção, a conviver com eles, evitando penitenciar-se.

QUINZE ANOS

Há uma queixa recorrente e consensual entre as mulheres. Atualmente, está se tornando uma missão quase impossível encontrar um homem que reúna características como cavalheirismo, inteligência e intelectualidade associadas aos atributos de um autêntico Don Juan, tais como masculinidade, sensualidade e beleza física. Tudo o que elas querem é alguém capaz de tirar-lhes o fôlego, surpreendê-las, fazê-las perder a racionalidade, mas que depois as traga de volta ao plano terreno, à objetividade e ao pragmatismo necessários, sem deixar esvair o encantamento.

Há também um consenso entre os homens. Nos dias de hoje, há mulheres para se "curtir" e mulheres para se namorar – e raramente são as mesmas. A expressão usual assemelha-se a: "Uma garota como esta não se encontra por aí... Cuide bem dela, mantenha esse relacionamento. Enquanto isso, aproveite para se divertir com as mulheres erradas".

Entre um universo e outro, o que os une é a solidão. Mulheres de um lado, homens de outro, compartilhando a vida com amigas e amigos, à espera de serem "tirados para dançar". Parece que a sociedade moderna nos robotizou, tornou-nos tão mecânicos que perdemos a capacidade de nos apaixonar. E, mais ainda, de amar.

Construímos um muro em nosso redor com tijolos de intolerância. Ficamos tão seletivos que acabamos sós.

Amar é olhar para outra pessoa e, mais do que admirá-la, contemplá-la, observando seus traços, feições e movimentos desejando jamais perder este encantamento nem por um milésimo de segundo, negando-se até mesmo a piscar. É ver a imagem da pessoa amada refletida em *outdoors*, estampada no rosto de personagens da televisão. É ter uma música em comum que marca uma ocasião especial ou que se tornou importante por representar memórias de um momento. Lembro-me de Mário Quintana: "Amar é mudar a alma de casa".

Amar é dialogar, o que significa falar, mas também saber ouvir. Ter a sensibilidade para perceber quando o outro precisa apenas dizer tudo e de todas as formas, muitas vezes sem a preocupação de que você esteja ouvindo. Basta sua presença. Olhos que sinalizam atenção, silêncio que pronuncia respeito. Acolhimento, conforto, generosidade. Dar como alimento o carinho.

Amar é descoberta. É desvendar sem pressa o passado de quem se gosta, não pela neurose de uma investigação, mas pelo prazer de apreciar aquela história, como quem ouve um pequeno conto infantil ditado pelos pais ao lado da cama.

Amar é tolerância, é concessão. Não significa mudar nem exigir que se mude, mas estar disposto a se adaptar e esperar reciprocidade nessa atitude. Ajustar expectativas, alinhar propósitos. É caminhar lado a lado, olhando unidos na mesma direção, ainda que com visão periférica apurada. Maiakovski pontuou com precisão: "Amar não é aceitar tudo. Aliás, onde tudo é aceito, desconfio que haja falta de amor".

Amar é transparência, é dizer o que se pensa, sabendo a hora de falar. É não praticar a omissão, achando ser possível empurrar conflitos para debaixo do tapete até que um dia o vento espalhe tudo, maculando o que foi construído. Transparência que gera credibilidade, a qual leva à confidencialidade, que conduz à lealdade. A lealdade que surge não como um dever, mas como resultado da satisfação do exercício da plenitude, de sentir-se completo.

Amar é tocar. É beijo que acelera o pulso. Sexo com longas preliminares e aconchego posterior. Dormir abraçado, acordar junto. Filme com pipoca, chuva romântica do lado de fora. Cuidar e ser cuidado. Promessas insanas de juras eternas – a eternidade que se perde em um instante. É dividir a liberdade.

Amar é superar adversidades, enfrentar o desafio da geografia que, às vezes, distancia fisicamente dois corações. É sentir a saudade como fruto da partida.

Amar é intensidade, é compreender a impermanência do tempo, sua relatividade. Significa rasgar os estúpidos calendários, quebrar os imponentes relógios e compreender que o tempo tem outra dimensão. É preferível um amor intenso de 48 horas a uma vida insípida partilhada por uma década.

Amar é se mostrar um grande espelho e permitir que o outro possa mirar-se em você. Ver a si próprio enxergando aquilo que é mais virtuoso, mais nobre. É perceber de maneira perfeita uma pessoa imperfeita. É buscar o equilíbrio, tomar cuidado com a ansiedade, a angústia, a incompreensão e as cobranças. É ter a coragem de também sofrer.

Amar é tudo isso e um pouco mais. Ação que não se descreve, mas que se pratica. Coisas que sabíamos fazer quando adolescentes, aos 15 anos, quando éramos mais intrépidos, menos racionais e, por isso, capazes de sermos mais felizes.

> *Há vários motivos para não se amar uma pessoa.*
> *E um só para amá-la.*
> Carlos Drummond de Andrade

SOBRE O CASAMENTO

Casei-me pela primeira vez aos 23 anos. Embora a formalização da união tenha sido abreviada por uma gravidez não planejada, o enlace foi, para mim, não prematuro, mas tardio. Por mim, teria me casado quatro anos antes, meses após iniciar o relacionamento. Afinal, tinha certeza de que Adriana era a pessoa certa.

Ademais, a paternidade era uma ideia que me encantava. Também nunca acreditei no êxito de relações que se arrastam por anos entre namoro e noivado. Penso que o casal passa a se acostumar um com o outro em um envolvimento de compromisso limitado. Quando se vê, tornaram-se grandes amigos, quase irmãos, pois perderam o tempo certo para iniciar a construção efetiva de uma vida a dois.

Cronologicamente, meu casamento durou quase sete anos. Por isso, é natural que se pergunte se não resisti à "crise dos sete" – uma propalada teoria segundo a qual os relacionamentos passam por crises cíclicas a cada sete anos.

Fazendo uma paráfrase de Ernest Hemingway, um casamento vai à falência de duas formas: aos poucos e de repente. No decorrer de um relacionamento, os casais acumulam muitas arestas raramente aparadas. Essas diferenças, sempre relativamente pequenas, assumem formas variadas. Podem ser aspectos concretos que irritam, como uma toalha molhada sobre a cama ou uma peça de roupa jogada no chão do banheiro. Também podem ser atitudes que desagradam, por exemplo, a fumaça de um cigarro ou um falar alto ao telefone, bem como podem ser palavras de amor não ditas ou flores não enviadas.

Cada atitude é uma decisão tomada. E cada decisão é como uma gota d'água depositada em um copo. Um dia, o copo enche, e basta uma última gota para que ele transborde.

Meu primeiro casamento legou-me muitas lições. Uma delas é a de que todo casal deve "lavar a roupa suja" antes de dormir. Explico-me. Se há alguma divergência, dúvida ou incômodo, deve-se partilhar com o cônjuge de imediato, antes de deitar-se. Nada de deixar para o dia seguinte. Pouco importa se é somente uma gota: entorne o copo e o esvazie!

Aprendi também que a lei segundo a qual os opostos se atraem funciona muito bem na física. É válida no que diz respeito a ímãs, não a pessoas. Um casal precisa ter afinidades, ou seja, comungar dos mesmos fins, partilhar iguais interesses. Se um gosta de samba e o outro de música clássica, um aprecia churrasco e o outro é vegetariano, um prefere praia e o outro campo, a tendência é o distanciamento em vez da proximidade.

Isso conduz a outro ensinamento, talvez o mais supremo de todos. O casamento é um exercício de tolerância e abdicação. Você tolera e aceita seu cônjuge como ele é, sem pretender modificá-lo ou, pior, moldá-lo à sua imagem e semelhança. E, ao agir assim, você lhe concede o direito à liberdade plena e à autenticidade.

Em contrapartida, seu parceiro, feliz com a liberdade outorgada e com a possibilidade de ser ele mesmo, retribui com igual tratamento. Adicionalmente, contempla-lhe com a abdicação, renunciando a desejos ou ideias que não se mostram essenciais, mas que são frutos de caprichos, a fim de agradar-lhe.

Um tolera, o outro renuncia. E vice-versa. Nesse processo, que não é um jogo, mas um exercício de respeito, carinho, dedicação e maturidade, ambos crescem. Assim, tornam-se companheiros, por dividirem o pão, e cúmplices, por estarem sempre juntos.

Pude compreender e aceitar minha separação, depois convertida em divórcio, graças a dois diálogos específicos. O primeiro foi com um amigo que, entre um café e outro, trouxe-me de volta à racionalidade ao declarar: "Os sentimentos mudam". Isso me ajudou a entender, no exato momento em que eu acreditava ser possível resgatar o casamento, que, tal como anos antes eu havia cogitado a possibilidade de uma separação, naquele instante o rompimento era uma decisão dela e que precisava ser respeitada. A reconciliação até poderia ocorrer, mas não poderia ser abreviada sem que o tempo agisse como juiz.

A segunda conversa foi em minha segunda e última sessão de análise, quando o terapeuta ajudou-me a compreender que parte do insucesso de meu casamento decorria das diferentes expectativas que eu e Adriana tínhamos em relação à nossa união. Ela teve um pai absolutamente presente, que sempre atuou como um esteio financeiro e moral dentro de casa. Além disso, sua família sempre foi muito unida, incluindo parentes de segundo e até terceiro graus. Em contraposição, minha família sempre se restringiu aos pais e irmãos, sem a presença próxima de parentes. Ainda assim, sempre estivemos fragmentados, sendo raras em minhas lembranças as ocasiões em que juntos fazíamos as refeições, por exemplo.

Em suma, nossos modelos familiares eram quase antagônicos. Ela se casou e projetou em mim a possibilidade de reproduzir um modelo que eu desconhecia. Eu me casei e, inconscientemente, reproduzi o modelo exato que havia vivido.

É certo que essas são impressões pessoais e que respondem a apenas algumas questões. O fato é que em uma relação a dois não há regras. Qualquer relacionamento pode ser bem-sucedido ou naufragar. E assim como o sucesso depende de ambos, o eventual fracasso não é órfão.

Uma reflexão final é que passei a acreditar que uma união estável demanda maturidade. E isso se conquista com o tempo. Aos 23 anos eu tinha o coração, mas não a cabeça preparada para tolerar e abdicar. Há coisas que não se pode aprender lendo ou ouvindo relatos de terceiros. Você precisa vivenciar para aprender pela própria experiência. É como se aventurar a atuar como consultor, *coaching* ou mentor aos 20 e poucos anos. Pode sobrar vontade e empenho, mas, certamente, faltará conteúdo.

A HORA DE PARAR

Ao compreender que os sentimentos estão sempre em mutação, passei a defender a tese de que relacionamentos amorosos têm prazo de validade, alinhando-me aos votos sagrados do matrimônio de "até que a morte os separe". O ponto é: de qual morte estamos falando? As pessoas imaginam tratar-se da morte física. Prefiro interpretar como a morte do sentimento.

Todo início de relacionamento é mágico. É o momento em que se pratica o jogo da conquista e da sedução. Nossas ações são orquestradas, e as palavras são escolhidas de forma meticulosa. Mostramos o que temos de melhor: nossa vida é virtuosa, nossos valores são nobres e nossos feitos são admiráveis. Vestimos as melhores roupas, usamos os mais agradáveis perfumes. A pele tem viço; o olhar, brilho; o sorriso, autenticidade.

Os ambientes pelos quais circulamos são aconchegantes. A bebida parece sempre gelada, mesmo que seja um conhaque, e a comida sempre saborosa, mesmo que não seja consumida.

Tudo isso acontece porque estamos envoltos em uma atmosfera de encantamento e sinergia, embevecidos pela eficiência do diálogo, que corre fácil, pois há muito por falar, anos para desvendar. Queremos em um par de horas nos desnudar, das roupas e de nossa história pessoal, mostrando quem somos, de onde viemos e para onde queremos ir – e o destino reserva lugar ao interlocutor, a figura amada, quase inanimada, que nos sorri.

O processo é igual para homens e mulheres. Diferem as estratégias, as táticas, mas não os propósitos.

Transcorrida essa etapa, consuma-se a conquista. Bocas que se encontram, braços que se enlaçam, corpos que se aquecem. Então, vive-se o romance que nutre e cega. O horizonte se retrai.

A estabilidade leva a relação a mares calmos e a ausência de ondas revela o que antes não se podia enxergar. Descobrimos – e revelamos – que virtudes carregam consigo vícios, que amabilidade é temperada com eventual intolerância e que gentilezas são bonificadas com fleuma.

É nesse momento em que se estabelecem os limites entre paixão e amor. É quando a união amadurece. Então, percebemos que o beijo ardente e o sexo prazeroso são imprescindíveis, mas não únicos. O diálogo ganha novos temas, mas não se perde. E notamos, como bem pontuou Gabriel García Márquez, que amamos quem está conosco não por quem a pessoa é, mas por quem nos tornamos na presença dela.

Nesse contexto, tudo passa a tratar-se de manutenção, de conquistar um pouco mais a cada dia – ou tudo novamente.

No entanto, a natureza nos reservou um mundo dual. Dia e noite, quente e frio, *yin* e *yang*. Não raro, os relacionamentos não apenas se desgastam, mas se esgotam. Cessa o calor do beijo, os olhares se desviam, os diálogos tornam-se fúteis. Primeiro, a discórdia. Depois, o conflito. Por fim, o confronto. Transformamos nossas cabeças em um cemitério de lembranças e passamos a cultivar toda ordem de sentimentos negativos. O pacote vem completo, com mágoas, ressentimentos, infidelidade, desamor e tristeza. Esperamos resolutamente que um extremo seja alcançado para tomar a decisão da separação, a qual poderia ter florescido quando ainda havia respeito e admiração mútuos.

Não sabemos terminar.

SOBRE RENATA

Uma das consequências de minha separação foi a crença de que eu voltaria a buscar uma relação mais sólida apenas depois de alguns anos. Em outras palavras, escolhi a opção de viver sozinho, com a companhia eventual de meus filhos, usufruindo da vida de solteiro que eu não tive, visto que me casei jovem. Isso significava relacionamentos sucessivos e pouco duradouros, vividos com intensidade, porém sem compromisso. Namoros com um presente vigoroso, mas absolutamente sem futuro.

Talvez tenha sido essa ausência de expectativas e a renúncia a qualquer tipo de busca a responsável pelo grande encontro de minha vida.

Conheci Renata quando fui pela primeira vez a João Pessoa, na Paraíba, para ministrar uma palestra. Em verdade, dias antes do embarque, nos conhecemos pela internet, por meio de um portal de relacionamentos. Primeiro, trocamos mensagens. Depois, falamos ao telefone. Finalmente, marcamos um encontro.

Ela não pôde comparecer à minha apresentação, pois no mesmo dia e horário fazia a defesa de seu trabalho de conclusão de curso em Enfermagem. Em razão disso, quase deixamos de nos encontrar, uma vez que o cansaço a abateu o suficiente para que ela hesitasse em levar adiante meu convite para jantar.

Contudo, felizmente, ela atendeu ao meu telefonema ao término da palestra. Começamos a namorar naquele mesmo dia, e poucos meses depois já morávamos juntos, formalizando a união tão logo as agendas de nossos familiares permitiu.

Renata representa o amor maduro. Contudo, ela não se limita a ser somente uma excepcional esposa e companheira. Presenteou-me, ainda, com sua família, que carinhosamente me acolheu desde o princípio. Falo de meu sogro Janúncio, minha querida sogra Marcélia, meus cunhados Ívia e Netinho e também de parentes como Linaldo e Tia Célia, pessoas excepcionais dotadas de carinho e generosidade, entre tantos outros nomes.

Ela recebeu com amor meus filhos, auxiliando-me na educação deles quando estão comigo. Cuida de minha saúde, zelando pelo meu bem-estar, meu sono e meu sustento, além de acompanhar-me em diversas outras atividades. Também me estimulou a retomar os estudos, ajudando-me com sua experiência acadêmica.

Como se não bastasse, tornou-se a maior incentivadora de minha carreira como escritor e conferencista. Acompanha-me nos trabalhos, quando possível, identificando reações da plateia e pontos de melhoria. Presta um atendimento solícito e gracioso aos nossos clientes e estuda o mercado com maestria, buscando antecipar-se às dúvidas. Decide comigo desde estratégias de marketing até planejamento financeiro, celebrando os sucessos e aprendendo com os fracassos.

Sem Renata, este livro chegaria a existir, mas não agora. Sem Renata, eu existiria, porém não como sou. Não sei se eu seria mais alegre ou triste, mais precavido ou inconsequente, mais flexível ou intransigente. Seria certamente diferente, mas, possivelmente, não seria melhor.

Renata ensinou-me, mesmo sem saber, que é possível recomeçar. Mostrou a mim que uma desilusão passada não significa infelicidade futura; que idade cronológica não é garantia de mais ou menos maturidade; que uma renúncia pode simbolizar um avanço, e não um retrocesso; que a convivência não desgasta, mas lapida, desde que haja amor.

Mas acima de tudo, Renata legou-me um presente singular: a pequena Liz.

> *Não há jardins sem flores,*
> *nem coração sem amor.*
> Miguel de Cervantes Saavedra

SOBRE LIZ

Liz é a maior bênção de minha vida, o que não significa que ela seja mais importante que Gabriel e Matheus. Digo isso apenas em virtude do contexto em que ela está inserida.

Sua chegada aconteceu no dia seguinte ao sepultamento de meu pai. A alegria de vê-la, tão pequenina e saudável, foi de suma relevância para aplacar a tristeza da perda ocorrida apenas dois dias antes. Foi como um bálsamo a mitigar as dores e as cicatrizes, abreviando o luto.

Liz também coroou o amor maduro a que me referi anteriormente com a decisão consciente de um casal que deseja prolongar suas vidas a partir de outra vida.

Liz é minha contemplação. É resgatar quem fui ao observar seus gestos e feições, como quem olha para um espelho refletindo uma projeção de 40 anos atrás.

Liz é minha redenção. A oportunidade singular de fazer o "certo", ou ao menos de aproximar-me do que devo fazer no exercício do papel de pai. É trocar a ausência pela presença, o provimento material por educação, carinho e afeto permanentes.

> *Cada criança que nasce é uma prova*
> *de que Deus não perdeu a esperança nos homens.*
> Rabindranath Tagore

APRECIE SUAS ORIGENS

Para encerrar este capítulo, gostaria de deixar uma última reflexão. Ela vale para todos nós, mas em especial para aqueles que tiveram uma origem simples, marcada por dificuldades e provações, e que mediante trabalho árduo, dedicação e perseverança atingiram melhores condições. Destacaram-se profissional ou academicamente, ou ambos. Conquistaram reconhecimento, posição social e conforto material. E, em razão disso, procuram ocultar seu passado, chegando até a evitar contato com parentes, por mais próximos que sejam os laços de sangue.

Jamais negligencie suas origens. Em lugar de vergonha, orgulhe-se de suas raízes. Seu passado faz parte da pessoa que você é, e visitá-lo de vez em quando, na memória ou pessoalmente, contribuirá para que você valorize ainda mais sua trajetória vencedora.

Eventualmente, pego meu carro e circulo pelo primeiro bairro onde morei. Passo em frente à casa que ainda hoje mantém uma pequena mureta construída por meu pai para conter a água da chuva quando esta resolvia nos visitar com sofreguidão. Sigo pelo caminho que trilhava a pé até a escola estadual do bairro, ainda em funcionamento, porém com aparência triste e abandonada, repleta de pichações. Avisto a mercearia onde todas as manhãs comprava pão e leite a pedido de minha mãe e o local em que empinava pipas em companhia dos amigos. Uma viagem no tempo e no espaço que sempre me emociona e me engrandece. Experimente fazer a sua!

FAZENDO ACONTECER COM POUCO DINHEIRO

Você deve ter notado que muitas ações podem ser praticadas para levar carinho às pessoas que aprecia sem envolver grandes somas de recursos – ou mesmo nenhum dinheiro!

Atividade	Como Fazer
Telefonar	Procure utilizar um telefone fixo em vez de um celular, pois os gastos serão menores.
Enviar e-mail	Se você não tem acesso à internet em sua casa, envie as mensagens de seu trabalho, no final do expediente, de uma rede pública de acesso ou de uma *lan house*.
Escrever uma carta	Seu investimento será mínimo: uma folha de papel, um envelope e um selo para postagem.
Mandar flores	Em especial durante a primavera, aproveite para colher algumas flores em um parque, lembrando que basta um único botão de rosa para agradar.
Visitar	Surpreenda seus amigos com uma visita inesperada, tendo a sensibilidade para ser breve caso o momento não se mostre propício.

Vida 3
Carreira e Vocação

Não trabalho para ganhar dinheiro.
Ganho dinheiro com o meu trabalho.

J. R. Duran

O êxito na vida profissional é frequentemente relacionado à conquista de posições hierárquicas mais elevadas, maiores salários e prêmios de reconhecimento.

Pessoalmente, acredito que todo esse sucesso só é possível de ser alcançado quando a carreira profissional está alinhada à **vocação**.

A palavra vocação tem origem no latim *vocare* e significa chamado. Trata-se de ouvir o que sua voz interior tem a lhe dizer. Aquele sussurro misterioso revestido de magia e divindade que vem desestabilizá-lo quando sua carreira parece tão próspera. Exatamente quando você conquistou poder e bens materiais, mas não entende o porquê de certa frustração latente todos os dias ao voltar para casa.

Com o passar dos tempos, o termo ganhou cunho religioso, passando a designar o chamado de Deus, dizendo-lhe para mirar não onde está o dinheiro, o poder ou o *status*, mas, sim, onde está a felicidade – por meio da qual você encontrará todas aquelas outras coisas que buscava antes, porém as usufruindo com um olhar maroto, um sorriso de canto de boca e uma sensação de alívio dentro do peito.

A vocação é capaz de fazer advogados virarem músicos, executivos virarem professores. Trata-se de um lugar no tempo e no espaço no qual a felicidade tem sua morada.

Ao ouvir sua vocação, você estará apto a encontrar sua **missão** de vida. Buscando de novo a etimologia, descobrimos que missão origina-se do termo latino *mittere*, que significa enviar, ao passo que *missus* representa o termo para enviado. A missão é sua incumbência, seu objetivo, seu desígnio maior.

Note que os termos vocação e missão não são sinônimos, mas estão intimamente relacionados. Todavia, pode-se ter a vocação e não descobri-la – ou, ao desvendá-la, optar por não exercê-la, isto é, pode-se ser chamado a ir, mas decidir não seguir...

É uma questão de escolha. E fazer escolhas implica renunciar a alguns desejos para viabilizar outros. Você troca segurança por desafio, dinheiro por satisfação, o pouco certo pelo muito duvidoso. Assim, uma companhia que lhe oferece estabilidade com apatia pode dar lugar a outra, dotada de instabilidade com ousadia. Analogamente, a aventura de uma vida de solteiro pode ceder espaço ao conforto de um casamento.

Escolhas são feitas com base em nossas preferências. E aí torno a recorrer ao latim para descobrir que o verbo preferir vem de *praeferare* e significa "levar adiante". Parece-me uma indicação clara de que nossas escolhas devem ser feitas com os olhos no futuro, no uso de nosso livre-arbítrio.

> *Um homem não é grande pelo que faz, mas pelo que renuncia.*
> Albert Schweitzer

NEOCOMPETÊNCIA – UMA NOVA ABORDAGEM PARA O SUCESSO PROFISSIONAL

Seja para construir uma carreira de sucesso, seja para encontrar sua vocação e seguir uma missão, ser competente é um pré-requisito básico.

A mais difundida definição para competências foi formulada por Scott B. Parry, em sua obra "The quest for competencies", de 1996, na qual ele diz:

"Competências é um agrupamento de conhecimentos, habilidades e atitudes relacionados, que afeta a maior parte de uma tarefa (papel ou responsabilidade), correlacionado à performance, que pode ser medido a partir de parâmetros bem aceitos, e que pode ser melhorado através de treinamento e desenvolvimento".

Esse conceito ficou registrado no mundo acadêmico e corporativo como a **Regra do CHA**.

O "C" representa o **conhecimento**, o **saber** adquirido. É o processo de instrução e aquilo que o envolve: formação, escolaridade, autodidatismo, leituras, cursos e treinamentos realizados.

O "H" significa **habilidade**, o **saber fazer**. Trata-se da capacidade de produzir por meio do uso do conhecimento adquirido e diz respeito a ações práticas como analisar, interpretar, compreender, julgar, planejar, administrar, comunicar, entre tantas outras. Mediante treino, repetição e prática constante, as habilidades podem ser desenvolvidas e lapidadas.

O "A" constitui a **atitude**, o **querer fazer**. É a decisão consciente e emocional de agir diante dos fatos, com proatividade e assertividade. Atitudes são constatações, favoráveis ou desfavoráveis, em relação a objetos, pessoas ou eventos. Uma atitude é formada por três componentes: cognição, afeto e comportamento.

O plano cognitivo está relacionado ao conhecimento consciente de um fato. O componente afetivo corresponde ao segmento emocional ou sentimental de uma atitude. Por fim, a vertente comportamental diz respeito à intenção de permitir-se de determinada maneira em relação a alguém, alguma coisa ou situação.

Para melhor compreensão, tomemos o seguinte exemplo. Algumas pessoas têm o hábito de fumar. E a pergunta que sempre fazemos aos fumantes é o motivo pelo qual insistem nesta prática mesmo cientes de todos os malefícios à saúde cientificamente comprovados.

Analisando esse fato de acordo com os três componentes de uma atitude, podemos atinar para o que acontece. O fumante, em geral, tem plena consciência de que seu hábito é prejudicial à saúde, ou seja, o componente cognitivo está presente. Contudo, como ele não sente que essa prática esteja minando seu organismo, continua a fumar. Mas se um dia um familiar for vitimado por um enfisema ou o próprio fumante for internado com indícios de problemas cardíacos decorrentes do fumo, a porta para acessar o aspecto emocional será aberta: ao sentir o mal a que está se sujeitando, o indivíduo decidirá agir, mudando seu comportamento, deixando de fumar.

Da mesma forma, um estudante universitário sabe, desde o ingresso no ensino superior, que deverá apresentar futuramente um trabalho de conclusão de curso (TCC) para garantir sua titulação. Porém, embora consciente desta responsabilidade, é muito provável que deixe para construir seu trabalho apenas nos últimos meses, ao sentir preocupação, tensão e até estresse diante da necessidade de correr contra o tempo perdido.

As pessoas acham que atitude é ação. Todavia, atitude é racionalizar, sentir e exteriorizar. É um processo endógeno, que deve ocorrer de dentro para fora. E entre a conscientização e a ação, é necessário estar presente o sentimento. Ou você sente, ou não muda.

Contudo, ocorre que o modelo do **CHA** já não responde às demandas do mundo corporativo atual, motivo pelo qual desenvolvi um novo modelo ao qual intitulei **"Neocompetência"**.

Embora o conhecimento continue imprescindível, na base desta estrutura, é importante pontuar que ele não é mais estático. Aliás, as festas de "formatura" nas universidades deveriam ser simplesmente abolidas, porque ao concluir um curso de graduação com quatro anos de duração, por exemplo, muito do que foi estudado no primeiro e segundo anos já está defasado. Disso decorre a importância da **atualização**, o **saber aprender**, representando o desafio de ampliar o conhecimento de forma contínua, além da capacidade de discernir sobre o que deve ou não ser aprendido dentre tantas possibilidades.

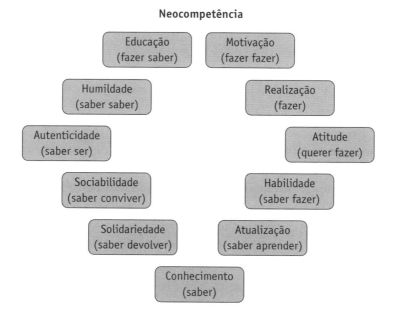

A atitude, embora seja o elo supremo desta corrente, precisa ser referendada pela **realização**, o **fazer** efetivamente, pois muitos que desejam não levam a termo suas ações, capitulando e desistindo no decorrer do caminho.

Neste contexto, surge a premência da **motivação**, o **fazer fazer**. Num primeiro instante, do ponto de vista individual, mesmo porque a motivação é um processo pessoal, responsável pela intensidade, direção e persistência dos esforços de uma pessoa para atingir uma determinada meta. A intensidade está relacionada à quantidade de esforço empregado – muito ou pouco. A direção refere-se a uma escolha qualitativa e quantitativa em face de alternativas diversas. E a persistência reflete o tempo direcionado à prática da ação, indicando se a pessoa desiste ou insiste no cumprimento da tarefa.

Mas para se alcançar a efetividade, precisamos empreender ações não individualmente, mas em equipe. Neste ponto, a motivação se converte em apoio, sustentação e, em especial, inspiração àqueles que compõem o time.

No estágio seguinte, o profissional competente compreende que conhecimento bom é conhecimento compartilhado e que para evoluir não apenas na hierarquia, mas nos processos de reconhecimento e de autorrealização, é necessário ensinar aos que estão ao seu redor. É o **fazer saber**, por meio da **educação**, disseminando experiências, comportamentos e melhores práticas.

Neste momento, surge a importância da autoconsciência de que na medida em que ampliamos nosso espectro de conhecimentos, maior é nossa ignorância diante do universo de possibilidades do saber. A **humildade** representa o **saber saber**, a percepção clara e inequívoca de nossas próprias limitações e que nos faz simultaneamente educadores e educandos, combatendo a prepotência e a arrogância. Há que aprender, porém há também que ensinar.

A humildade leva à prática inconteste da verdade. E como não há porque mascarar eventos ou ações passa-se a valorizar a **autenticidade**, o **saber ser**, onde importa não o que você tem, mas quem você é. Uma característica singular num mundo tão superficial em determinados aspectos como o que vivenciamos atualmente.

O homem é um ser social por natureza, de modo que deve aprender não apenas a viver, mas também **saber conviver**, ou seja, viver com seus pares. A isso chamamos **sociabilidade**.

Por fim, a **solidariedade**, que remete não à solidão, mas à cooperação, à responsabilidade e à interdependência. É a consciência plena de **saber devolver** à mesma sociedade com a qual convivemos um pouco do que aprendemos e somos a fim de mitigar as desigualdades.

Compreendido o conceito moderno de "competência", fica mais fácil para o profissional definir como deve se posicionar. Mas quais são as competências essenciais?

COMPETÊNCIAS PARA O SUCESSO

José é um profissional dedicado. Trabalhador, como se diz por aí. Levanta-se cedo e segue para o trabalho, subindo e descendo de ônibus diversos. "Boa-praça", sempre está disponível para um bate-papo e uma cerveja gelada com os amigos. Modesto em seus trajes, simples em seu vocabulário, sua abordagem está calcada mais em seu carisma do que em seu conhecimento. Faltam-lhe respostas, sobram-lhe dúvidas. Chega tarde em casa, cansado, e quase não pode dar atenção à família. Ganha o suficiente para mantê-la com dignidade, mas a dificuldade está presente em sua vida. No entanto, acredita que, "com a ajuda de Deus, as coisas vão melhorar".

João é um profissional igualmente dedicado. Bem-sucedido, como se diz por aí. Levanta-se e, com tranquilidade, toma seu café da manhã na presença da esposa e dos filhos. Leva-os à escola, em seu carro recém-adquirido; em seguida, parte em visita aos seus clientes e fornecedores, previamente agendados. Carrega em seu notebook amplas informações sobre sua empresa, para uma eventual consulta. Seus contatos contemplam a objetividade inerente aos negócios associada à descontração do diálogo sobre os mais variados assuntos, de política e futebol aos acontecimentos da novela na noite anterior. Em casa, janta em companhia da família, auxilia as crianças nos deveres escolares e planeja com a companheira o roteiro da próxima viagem de férias.

Esse é um olhar sobre dois homens que podem guardar entre si apenas a similaridade de suas profissões. Duas versões da vida delineadas por caminhos opostos, traçados pelo emprego de diferentes competências.

A primeira vez que tive contato com o conceito de competências foi a partir do trabalho formulado pelo psicólogo de Harvard, David McClelland. O ano era 1999, e eu cursava o Seminário Empretec, um treinamento eminentemente comportamental conduzido no Brasil pelo SEBRAE.

O Empretec marcou uma fase importante de minha carreira profissional, uma vez que me conduziu a uma visão diferente de gestão a partir de um elenco formado por dez grandes competências inerentes aos empreendedores de sucesso mapeadas por McClelland.

Anos depois, a partir de minha experiência e estudos, formatei um novo conjunto de competências, divididas em cinco grupos temáticos, conforme ilustrado no quadro a seguir.

QUADRO GERAL DE COMPETÊNCIAS

Técnicas	Comportamentais
Educação e proficiência	Iniciativa e acabativa[1]
Metas e planejamento	Excelência e superação
Administração do tempo	Comprometimento e lealdade
Negociação	Responsabilidade
Pensamento estratégico	Ousadia e coragem
Visão sistêmica	Criatividade e inovação
	Determinação e ambição
	Disciplina e organização
	Paciência e tolerância
	Autoconfiança e interdependência
	Resiliência

Relacionais	Valorativas	Transcendentais
Comunicação	Integridade	Autoconhecimento
Credibilidade e marketing pessoal	Generosidade	Empreendedorismo
Atendimento e empatia	Pluralidade	Paixão
Persuasão e *networking*	Ética	
Liderança e *empowerment*		
Teamwork		

As **competências técnicas** baseiam-se no conhecimento e exigem atualização permanente, sendo fundamentais para o exercício profissional. Por sua natureza, podem ser aprendidas, exercitadas e desenvolvidas por meio de treinamento, elevando a habilidade de quem as pratica.

As **competências comportamentais** são lastreadas nas atitudes pessoais, na forma como você age e responde perante o meio, determinando se você realizará o que se propõe a fazer ou não. Por isso, o grande influenciador nesse quesito é sua personalidade e seus determinantes: a hereditariedade, o ambiente e as circunstâncias.

---

[1] Neologismo criado para simbolizar a capacidade de finalizar tarefas iniciadas.

As **competências relacionais** envolvem atributos técnicos e comportamentais, bem como estão intrinsecamente ligadas às relações interpessoais e à gestão de pessoas. Os relacionamentos representam o fórum em que podemos promover a disseminação do saber, por meio da educação, estimulando a sociabilidade.

As **competências valorativas** lastreiam-se no caráter e têm na moral sua baliza. Reunir competências técnicas, comportamentais e relacionais é uma condição necessária, mas não suficiente para forjar um profissional reconhecidamente qualificado. Isso porque tantos atributos devem ser respaldados por um conjunto de valores que norteiem suas ações de maneira virtuosa, humilde e solidária.

Por fim, as **competências transcendentais** recebem essa denominação porque compreendem atributos que ora podem ser tidos como técnicos, visto que envolvem conhecimento e atualização, ora como comportamentais, uma vez que estão intimamente relacionados a aspectos atitudinais, mas que também poderiam ser tratados como relacionais ou valorativos, por guardarem sinergia com as relações interpessoais ou com o código de valores pessoais. O fato é que esse conjunto de competências é de relevância soberba, pois funciona como base para a conquista de todas as demais competências.

Um profissional disputado no mercado de trabalho não é evidentemente aquele capaz de reunir todos esses atributos. Primeiro, porque são muitas as características apontadas, e desenvolvê-las demanda tempo para maturação. Segundo, porque para certos cargos, algumas dessas competências são menos imprescindíveis ou até dispensáveis, enquanto outras são categoricamente críticas.

Para as organizações, as principais competências esperadas são aquelas alinhadas ao seu planejamento estratégico e capazes de proporcionar resultados no menor horizonte possível.

No entanto, para os profissionais, contemplar todas essas competências, desenvolvidas em maior ou menor grau, é garantia de êxito no mundo corporativo.

Seria desejável discorrer em detalhes sobre cada uma dessas competências. Contudo, eu extrapolaria o propósito desta obra, uma vez que o intuito é pontuar aspectos relevantes da vida profissional, sem, no entanto, ater-se exclusivamente a ela. Por isso, utilizarei as próximas páginas para abordar alguns aspectos mais críticos e que podem impactar positivamente sua carreira.

ESTABELECIMENTO DE METAS

Temos o hábito de confundir desejos com metas. Desejo é uma expectativa consciente ou inconsciente de possuir ou alcançar algo. Ele se configura no plano subjetivo, no mundo das aspirações, e pode jamais se concretizar. Já uma meta é revestida pela objetividade.

Imagine a situação seguinte. Você decide ir ao cinema. Sai de casa e, quando percebe, imerso em seus pensamentos, está fazendo o caminho convencional para ir ao trabalho – que, por coincidência, é diametralmente oposto. Depois de enfrentar um belo trânsito, acerta o passo e chega ao shopping. Vasculha os três pisos de estacionamento até obter uma vaga. Em seguida, encontra uma afável fila para comprar os ingressos. Já no guichê, descobre que a sessão está esgotada. A próxima, somente em duas horas e quinze minutos.

Impossível? Improvável? Com você não? Pense bem antes de responder. O exemplo ilustra um mal que afeta a pessoas, profissionais e empresas: a ausência de metas definidas.

CINCO PASSOS PARA UMA META

Vamos partir de um pressuposto. Você sabe o que quer, para onde deseja ir. Se estiver em uma companhia que não lhe agrada, buscará outra. Se estiver disponível, sabe qual o perfil da vaga que lhe interessa. Se estiver satisfeito em sua posição atual, vislumbra um cargo mais elevado.

Uma meta, qualquer que seja, só pode ser assim conceituada quando traçada a partir de cinco variáveis. A primeira delas é a *especificidade*. Seu objetivo deve ser muito bem definido. Portanto, é inútil declamar aos quatro cantos do mundo: "Quero comprar uma casa". Isso não passa de um desejo e, como dissemos, poderá ou não se realizar.

É necessário detalhar o objeto de interesse. Como é a casa que você deseja adquirir? Qual sua área total e construída? Quantos serão os dormitórios e banheiros? Qual a cor das paredes, os materiais utilizados no acabamento? Haverá uma varanda, um jardim, uma área de lazer? A garagem comportará quantos veículos?

Desenhe a casa que pretende ter. Faça projetos. Construa uma maquete. Agindo dessa maneira, você ajudará a materializar seu sonho.

A segunda variável é a *mensurabilidade*. Sua meta deve ser quantificável, tornando-se objetiva, palpável. Qual o valor previsto para a casa detalhada em nosso exemplo anterior? Estamos falando em um orçamento de 50 mil, 100 mil ou um milhão de reais?

A próxima variável é a *exequibilidade*. Uma meta precisa ser alcançável, possível, viável. Se a casa projetada estiver avaliada em um milhão de reais e sua expectativa de poupança mensal é da ordem de mil reais, certamente será difícil atingir o objetivo. Observe como esses dois fatores – mensurar e quantificar – estão intrinsecamente relacionados.

Chegamos à *relevância*. Uma meta tem que ser importante, significativa, desafiadora. Para melhor ilustração, tomemos outra situação hipotética.

Você decide como meta anual elevar o faturamento de seu departamento em 5% acima da inflação. Porém, seu mercado está aquecido e esse foi o índice definido – e atingido – nos últimos dois anos. Logo, é preciso ousadia e coragem para definir um percentual superior a este, capaz de motivar a equipe em busca do resultado. Lembre-se de que o bom não é bom quando o ótimo é esperado.

Todavia, se você optar por estabelecer um índice de crescimento da ordem de 35% acima da inflação e o mercado não comportar uma elevação dessa magnitude, o princípio da exequibilidade será violado, comprometendo a realização da meta.

Por fim, o aspecto mais negligenciado: o *tempo*. Muitas metas são específicas, quantificáveis, possíveis e importantes, mas não estão definidas em um horizonte de tempo. Assim, determinada reunião deverá ocorrer entre as dez horas e o meio-dia da próxima segunda-feira; certo filme no cinema sairá de cartaz no próximo domingo.

APLICANDO OS 5S NA VIDA PESSOAL

Você pode até gostar de um ambiente de trabalho atribulado. Mesa repleta de papéis, livros e revistas empilhados, arquivos no computador armazenados sem qualquer critério. Há, inclusive, quem defenda tais condições como estimulantes da criatividade. Mas o fato é que a organização ajuda a poupar tempo e reduzir o estresse.

Em administração, utilizamos um expediente importado do Oriente, mais precisamente do Japão pós-guerra, chamado de 5S. Esse nome provém de cinco palavras japonesas iniciadas pela letra "s": *Seiri, Seiton, Seisou, Seiketsu* e *Shitsuke*.

Praticar os 5S significa:

- *Seiri* (senso de utilização) – separar as coisas necessárias das desnecessárias e aprender a usar sem desperdiçar.
- *Seiton* (senso de ordenação) – organizar e identificar as coisas, facilitando encontrá-las quando desejado.
- *Seiso* (senso de limpeza) – criar e zelar por um ambiente físico agradável.
- *Seiketsu* (senso de saúde e padronização) – cuidar da saúde física, mental e emocional de forma preventiva e estabelecer regras para a manutenção dos sensos anteriores.
- *Shitsuke* (senso de autodisciplina) – manter os resultados obtidos por meio da repetição e da prática.

A aplicação dos 5S em uma empresa deve ser efetuada com critérios, inclusive com supervisão técnica, dependendo do porte da companhia. Contudo, meu convite, neste instante, é para você praticar os 5S em sua vida privada, fazendo uma pequena revolução pessoal.

Aplique *Seiri* em sua casa e em seu escritório. Nos armários, nas gavetas, nas escrivaninhas. Tenha o senso de utilização presente em sua mente. Se lhe ocorrer a frase: "Acho que um dia vou precisar disto...", descarte o objeto em questão, pois você não o utilizará. Pode ser uma roupa que você ganhou de presente ou comprou por impulso, mas nunca vestiu por não lhe agradar o suficiente, e que acalentará o frio de uma pessoa carente. Podem ser livros antigos, hoje hospedeiros do pó, que contribuirão com a educação de uma criança ou um jovem universitário. Seja seletivo. Elimine papéis que ocupam espaço em seus arquivos, incluindo revistas e jornais que você acredita estar colecionando. Organize sua geladeira e sua despensa – você ficará impressionado com o número de itens com prazo de validade expirado.

Na próxima fase, passe ao *Seiton*. Separe itens por categorias, enumerando-os e etiquetando-os se for adequado. Agrupe suas roupas obedecendo a um critério pertinente a você, por exemplo, dividir vestimentas para uso no lar daquelas destinadas para trabalhar, bem como de outras utilizadas para sair a lazer. Organize seus livros por gênero (romance, ficção, técnico etc.) e em ordem de relevância e interesse na leitura. Separe seus documentos pessoais e profissionais em pastas suspensas, uma para cada assunto (água, luz, telefone...). Esses procedimentos revelarão o que você tem e atuarão como "economizadores de tempo" quando buscar por um objeto ou informação.

Com o *Seiso*, você será capaz de promover a harmonia em seu ambiente. Mais do que a limpeza, talvez seja o momento para efetuar pequenas mudanças de *layout*, por exemplo, alterar a posição de alguns móveis, colocar um xaxim na parede, melhorar a iluminação.

Agora, basta aplicar os últimos dois sensos mencionados anteriormente, o *Seiketsu*, que corresponde aos cuidados com seu corpo, mente e espírito, e o *Shitsuke*, tão simples quanto fundamental, que significa controlar e manter as conquistas realizadas.

AGENDA DE 10 SEGUNDOS

O despertador toca e você cogita com seriedade ignorá-lo. No entanto, levanta-se, toma banho, escova os dentes, veste-se e serve-se de um rápido café da manhã. Talvez apenas café.

No caminho para o trabalho, seja de carro ou de ônibus, o trânsito enseja sensações que lembram "O grito", de Edvard Munch. Parece que todos resolveram lançar-se às ruas no mesmo instante! Talvez você avance um semáforo vermelho ou invada a faixa de pedestres. Talvez seja multado, talvez não. É possível que dê ou receba uma "fechada" durante uma manobra para mudança de pista que, embora arriscada, pouco reduzirá seu tempo de deslocamento. Talvez você seja alvo ou autor de xingamentos. Diante disso, é provável que chegue ao destino com atraso.

No trabalho, você cumprimenta laconicamente seus colegas. Muitos papéis aguardam atenção na caixa de entrada, que será esvaziada e preenchida seguidas vezes no decorrer do dia para, novamente, terminar repleta de compromissos. Vários telefonemas para fazer, receber e retornar. Muitos e-mails para ler, responder e ignorar.

Seu superior solicita urgência urgentíssima em um projeto engavetado há meses. Algum cliente apresenta-lhe uma reclamação qualquer. Você dispara contra seus subordinados.

O almoço ocorre fora de horário, no mesmo restaurante e com o mesmo sabor já industrializado em seu paladar. Talvez você fume um cigarro, talvez prefira uma bala de hortelã. Talvez os dois.

E assim transcorre o dia, até o momento de retornar para casa, lembrando-se de Munch, uma vez mais, durante o trajeto. Talvez você vá até uma academia fazer ginástica, ao conservatório praticar um instrumento ou ao shopping olhar vitrines. Pode ser que você se contente com o noticiário, a novela e o *reality show*. Até que o despertador repita seu toque estridente na manhã seguinte...

A palavra é: rotina. Assim vivemos e morremos, dia após dia, percorrendo os mesmos caminhos, mecanicamente, tornando nossas carreiras desestimulantes, nossos relacionamentos insípidos. Desencanto, alienação e desespero. O prazer e a alegria são raros e voláteis. Somos completamente infelizes em nossa infelicidade e brevemente felizes em nossa felicidade. Estamos sempre aguardando o dia seguinte, quando tudo o que era para ter sido e que não foi supostamente acontecerá.

Ouço músicas que gostaria de ter composto, leio textos que gostaria de ter escrito, vejo produtos que gostaria de ter fabricado e conheço ideias que gostaria que fossem minhas. Então, percebo que tudo aquilo foi criado por pessoas como eu, dotadas de angústias e limitações, decerto não as mesmas, pois com origem, intensidade e amplitude diferentes. Pessoas que se superaram, talvez não o tempo todo, talvez por apenas uma fração do tempo.

Aprecio muito falar sobre o futuro. Sobre a importância de termos uma visão de futuro, a faculdade de sonhar, a habilidade de traçar metas e a disciplina para concretizá-las. E não recuo em meus propósitos, porque são princípios. Mas inventei para mim uma nova agenda que gostaria de dividir com você. Ela não se compra em papelaria, porque nela não se escreve. Não está disponível em versão eletrônica, porque nela não se digita. Seu custo é nulo, pois não demanda investimento, não exige que se tenha um *palm*, uma caneta, nem sequer alfabetização. É uma agenda mental – uma "agenda de 10 segundos".

A cada amanhecer, tenho a certeza de que aquele é o momento a ser vivido. Em que pesem todos os planos, com os pés firmes no chão e os olhos no firmamento, a vida está acontecendo aqui e agora. Por isso, minha agenda deve contemplar somente os próximos dez segundos. Talvez breves, talvez distantes, talvez intermináveis e, talvez, inatingíveis dez segundos.

Essa consciência tem-me permitido agradecer a cada despertar em vez de hesitar em levantar-me. Tem-me sugerido dar passagem a alguém no trânsito em vez de brigar por insignificantes três metros. Tem-me lembrado de dizer "bom dia" àqueles que me cercam. Tem-me incitado a procurar novos restaurantes e novos sabores durante o almoço. Tem-me proporcionado o poder de resignação e de resiliência diante das inúmeras adversidades que se sucedem. Nem sempre tem sido assim. Mas assim tem sido sempre que possível.

Fundamentalmente, a "agenda de 10 segundos" tem-me ensinado a elogiar, a perdoar, a me desculpar, a sorrir e a amar no momento em que as coisas são vivenciadas. *Carpe diem*, como diziam os romanos. Tal atitude permite que amizades fortuitas tornem-se perenes, que negócios de ocasião passem a ser recorrentes e que paixões de uma única noite transformem-se em amores de toda uma vida.

> *Enquanto você não se der valor, não valorizará seu tempo.*
> *Enquanto não der valor ao tempo, não fará nada de importante.*
> M. Scott Peck

QUATRO REGRAS DE OURO NA GESTÃO DO TEMPO

A boa administração do tempo é fator tão preponderante na busca da qualidade de vida que eu gostaria de compartilhar algumas sugestões.

A primeira é: *aprenda a delegar*. Desenvolva a capacidade de confiar em seus pares, distribuindo tarefas, em especial aquelas de caráter mais operacional. No entanto, tenha sempre em mente que delegar não é simplesmente transferir uma responsabilidade para outrem. Você precisa escolher a pessoa com critério, fornecer-lhe informações adequadas, conceder-lhe autonomia, dar-lhe subsídios e permanecer à disposição para dirimir dúvidas.

A segunda eu chamo de *evite o duplo manuseio*. Sabe quando você recebe as correspondências do dia, faz uma triagem, inicia a leitura de uma carta e decide interrompê-la para continuar depois em virtude de sua importância? Ou quando recebe um e-mail e começa a respondê-lo, mas opta por transferir a mensagem para uma caixa de pendências, a fim de tratar do assunto apenas depois, porque o tema exige sua atenção? Pois bem, a cada vez que você pega novamente aquela carta em mãos ou retoma a redação daquele e-mail, sem concluir a tarefa, está praticando um duplo manuseio, ou seja, perdendo um tempo precioso, o que pode convidar a angústia a instalar-se em sua rotina. A regra é começar e terminar. Inclusive, deixo mais uma dica. Faça as tarefas mais desagradáveis logo no início do dia, quando sua energia, concentração e disposição são superiores. Até porque nós sempre encontramos tempo para fazer aquilo de que gostamos.

A terceira regra é: *coloque você em sua agenda*. Nossas agendas, sejam de papel ou eletrônicas, regem nosso cotidiano, impondo-nos o que faremos, aonde iremos, com quem nos relacionaremos. E, curiosamente, nosso próprio nome não é contemplado nesse planejamento.

Por isso, vou fazer-lhe um convite bastante simples. Gostaria que você determinasse um dia por semana e apenas uma hora nesse dia que será reservada a você e mais ninguém. Pode ser a primeira hora da segunda-feira, a última da sexta-feira ou outro momento qualquer. O importante é que nesse instante você se concentre naquilo que é mais relevante para seus interesses pessoais. Desligue telefones, feche a porta da sala, não receba ninguém – apenas a si próprio.

Por fim, a última sugestão baseia-se em estudos do especialista em inteligência emocional e neurociência da liderança, Robert Cooper. *Administre a transição de seu ambiente profissional para o familiar.* Ao chegar em sua casa, estabeleça uma zona intermediária de até 15 minutos, período no qual deverá apenas cumprimentar carinhosamente seus familiares com poucas palavras. Procure desacelerar. Tome um banho, troque suas roupas, beba algo. Está comprovado que situações de conflito e argumentos prejudiciais começam ou se ampliam nos primeiros 15 minutos após o regresso ao lar.

EXCELÊNCIA E SUPERAÇÃO

Buscar a excelência significa fazer o melhor com o que se tem e onde estiver. É esforçar-se 110% em uma tarefa, sempre com elevado nível de exigência qualitativa.

Nesse contexto, a superação caminha de mãos dadas com a excelência, representando a predisposição de fazer com que hoje seja melhor que ontem e amanhã, melhor que há uma semana, um mês ou um ano.

Superação parece coisa para super-heróis. Não necessariamente aqueles das histórias em quadrinhos e que hoje ganharam as telas do cinema, mas aquelas pessoas acima da média, as quais costumamos adjetivar como "grandes".

Assim são os grandes esportistas nos mais variados esportes. Michael Jordan, no basquete, Senna no automobilismo, Pelé no futebol, Tiger Woods no golfe. De tão obstinados pela vitória, tornaram-se ícones, exemplos, lendas.

Podemos também mencionar grandes empreendedores (Silvio Santos e Mary Kay Ash), grandes executivos (Jack Welch e Antônio Maciel Neto), grandes cantores (Bob Dylan e Billie Holiday), grandes compositores (Chico Buarque e Chiquinha Gonzaga), grandes atores (Paulo Autran e Fernanda Montenegro), grandes escritores (Machado de Assis e Clarice Lispector), grandes pintores (Salvador Dalí e Tarsila do Amaral). E não poderia deixar de citar o exemplo do insuperável pianista e maestro João Carlos Martins.

A lista pode ser enorme. Faça a sua. No entanto, o interessante é que, após lê-la, é provável que você conclua ser apenas mediano, sem qualquer vocação para um dia figurar como um dos grandes em uma categoria qualquer, e acabe se recolhendo a uma rotina insípida e desestimulante, convencido de que o papel de coadjuvante no teatro da vida lhe é mais que suficiente.

A melhor definição do que vem a ser superação foi por acaso apresentada a mim por um jovem adolescente após uma aula de natação. Naquele dia, pratiquei o esporte em companhia da equipe de competição juvenil da academia. Diante da proximidade de um torneio nacional, perguntei a um dos atletas quais eram suas expectativas. Ele me respondeu: "Não vamos competir para ganhar porque lá estarão os melhores atletas do País, quase profissionais. Vamos disputar só para superar nossa própria marca".

Note a genialidade dessa declaração dada sua simplicidade. Aquele jovem, com cerca de apenas 14 anos, tem a consciência plena de suas limitações. Ele consegue perceber-se pontualmente sem condições para competir em igualdade com os principais atletas de sua categoria. E, se insistir nessa comparação, verá a frustração abatê-lo com brevidade e sofreguidão. Todavia, ao concentrar-se em seu próprio tempo, procurando melhorá-lo a cada treino, a cada nova prova disputada, passa a definir um objetivo plausível que o incentiva e o estimula. Competição a competição, o futuro lhe reserva a possibilidade de, um dia, lutar pelo degrau mais alto do pódio.

É surpreendente.
Quando eu acredito que cheguei ao meu limite,
descubro que é possível ir além.
Ayrton Senna

MEDIOCRIDADE

Para alcançar a excelência, é preciso assumir um compromisso tácito contra a mediocridade. E, ao contrário do que o senso comum tem por hábito avaliar, ser medíocre não significa ser inferior, mas tão somente mediano. Representa ser modesto, inexpressivo, ordinário. Fazer o mínimo necessário para seguir adiante. Assim são as pessoas medíocres: não se destacam nem chegam a fazer a menor diferença.

Temos o aluno medíocre, desinteressado em aprender, em conhecer, em saber. Limita-se a marcar presença nas aulas e a estudar nas vésperas das provas, decorando fórmulas matemáticas ou definições de conceitos. Recebe nota cinco, em uma escala de zero a dez, digna para fazê-lo passar de ano. Certamente, em sua vida profissional, apenas aumentará a massa de operários, seja apertando parafusos ou preenchendo relatórios. Assim, passará pela vida sem deixar lembrança, legado ou marca.

Há também os cônjuges medíocres, inábeis para manter acesa a chama de um relacionamento e ainda mais incapazes para cindir o que já acabou. Passam a vida achando que colocar alimento na mesa, fazer sexo de vez em quando e dizer protocolarmente "eu te amo", sem mirar os olhos, são atitudes suficientes. Alternam almoços insípidos aos domingos na casa dos sogros, trocam abraços sem calor nas noites de Natal, tudo para manter a estabilidade familiar.

Podemos ainda citar os profissionais medíocres, com inteligência bastante para ler as horas no relógio, batendo cartão ou assinando o ponto nos horários previstos. Respondem metodicamente seus e-mails, falam parcimoniosamente ao telefone, fazem apenas aquilo que deles se espera. Nem mais, que possa gerar desconfiança em seus pares, nem menos, que possa comprometer sua sólida posição no organograma. Trata-se de pessoas limitadas, como os cargos que exercem, como os executivos que os contrataram, como as empresas nas quais trabalham. Limitados e sem futuro – ou, se preferirem, com o futuro limitado ao horizonte de um palmo.

Nesse sentido, há mediocridade por todos os lados. Nos pais que não desviam o olhar da telenovela ou do jornal quando têm a atenção solicitada pelos filhos pequenos, nos amigos que nos procuram somente quando necessitam de algum favor, nos padres que recomendam inúmeras orações para salvar a alma dos fiéis quando deveriam ouvir o coração dessas pessoas e abrandarem suas angústias.

Por isso, combata a mediocridade em todas as suas vertentes. A mediocridade de trabalhos desconectados com sua vocação, de empresas que não lhe valorizam, de relacionamentos falidos. Por essa perspectiva, diria Tolstói: "Não se pode ser bom pela metade". Meias-palavras, meias-verdades, mentiras inteiras, meio caminho para o fim.

SOBRE HERÓIS E MITOS

Todos nós cultivamos heróis, pessoas que nossos olhos enxergam de forma diferenciada. Eles são mais corajosos, tenazes, perspicazes.

Também parecem maiores, por vezes até fisicamente, já que admirados pela tela da televisão, pela foto no jornal ou por meio da imagem cristalizada em nossas mentes. São capazes de feitos incríveis, suportam – e superam – grandes adversidades, bem como alcançam resultados extraordinários. À tradição grega, mortais divinizados por atos de nobreza.

Quando pequenos, elegemos pais, irmãos ou avós como representantes dessa casta. Espelhamos muitos de nossos comportamentos e valores a partir dos exemplos por eles destilados.

Contudo, na idade adulta, embora a influência familiar de outrora permaneça impregnada em nosso íntimo, passamos a adotar outros modelos, em geral oriundos do meio social e, em especial, profissional.

Arquitetos têm como ícones Le Corbusier e Oscar Niemeyer; pintores, Vincent Van Gogh e Pablo Picasso; amantes do jazz, Sarah Vaughan e Charlie Parker; educadores, Jean Piaget e Paulo Freire. Experimente fazer esse exercício. Escolha uma carreira qualquer e, com certeza, você encontrará alguns nomes notáveis.

Como tudo na vida, a presença desses expoentes tem aspectos positivos e negativos. O lado bom é que servem como referência, parâmetro de conduta e exemplo de excelência. No entanto, há uma face ruim. Por serem considerados semideuses, parecem denotar um padrão inatingível para pessoas normais como nós. Você olha para eles, para seus inventos, e declara: "Esplêndido! Eu gostaria de poder fazer igual...". Diante disso, você se apequena e se constrange.

Vou lhes contar o que aprendi acerca de heróis. Quando iniciei minha carreira de escritor, visitava o texto de outros profissionais e me perguntava quando teria igual qualidade editorial. Eu os via publicar em dezenas de veículos enquanto meus singelos e esporádicos textos atingiam um restrito círculo de amigos e imaginava que não seria possível ir muito além. Comecei também a ministrar palestras. E, assistindo às apresentações de outros colegas, chegava a me envergonhar do trabalho que desenvolvia. Meus slides eram pobres; minha presença de palco, discreta.

Tempos depois, vi meus artigos atingirem centenas de veículos em diversos países. O conteúdo tornou-se mais objetivo e prazeroso à leitura. Eu não precisava mais oferecer os artigos aos editores, pois eles passaram a me procurar, solicitando autorização para reproduzir os textos ou ainda encomendando matérias inéditas. Em 2008 e 2010, artigos de minha autoria foram utilizados pela Petrobras para fundamentar toda a prova de português em seu concurso público.

Semelhante situação ocorreu com as palestras, as quais ganharam dinamismo e desenvoltura, permitindo-me a experiência singular de conhecer empresas dos mais variados portes e segmentos em todo o País.

Aqueles que outrora eram meus mitos passaram a dividir laudas e anfiteatro comigo. Alguns se tornaram amigos, outros me pediram conselhos. No final, mostraram-se todos, sem exceção, feitos de carne e osso.

Esses eventos ensinaram-me que é para frente que devemos mirar. Contudo, é igualmente imprescindível olhar para trás e observar o quanto do caminho já foi percorrido para saborear os frutos da evolução. Isso não significa comodismo ou resignação, mas contemplação. Sempre haverá muito por aprender, por desenvolver, por aprimorar, mas as conquistas devem ser celebradas hoje, e não permanentemente projetadas no futuro. Claro que continuo olhando para os lados, acompanhando o que fazem os concorrentes, mas sem me deixar influenciar por isso.

Somos heróis de nós mesmos. Um momento a mais de coragem. Cinco minutos a mais de perseverança. Uma pitada de autoconfiança. São esses os ingredientes que fazem a diferença.

RESILIÊNCIA

As ciências humanas estão sempre tomando emprestado das exatas termos e conceitos. Uma das mais recentes novidades vem da física e atende pelo nome de *resiliência*. Significa resistência ao choque ou a propriedade pela qual a energia potencial armazenada em um corpo deformado é devolvida ao ambiente quando cessa a tensão sobre ele incidente.

Na administração, a resiliência passou a designar a capacidade de suportar e superar adversidades, agindo flexivelmente e utilizando as vicissitudes para promover o desenvolvimento pessoal, profissional e social.

A resiliência é resultado de um processo de aprendizado contínuo. Assim, uma infância enferma tornou-me resiliente em relação a doenças. Um insucesso empresarial fortaleceu minha resiliência nos negócios. Dificuldades financeiras edificaram minha resiliência em relação à vida material.

Certo dia, a tristeza me visitou. Tocou a campainha, subiu as escadas, bateu à porta e entrou. Não ofereci resistência. Houve um tempo em que eu fazia o impossível para evitá-la, impedindo-a de entrar em meus domínios. E quando isso acontecia, discutíamos demoradamente. Era uma experiência desgastante. Aprendi que o melhor a fazer é deixá-la seguir seu curso. Agora, nem sequer dialogamos. Ela entra, senta-se na sala de estar, sirvo-lhe uma bebida qualquer, apresento-lhe a televisão e a esqueço! Quando me dou conta, o recinto está vazio. Ela partiu, sem arroubos e sem deixar rastros. Cumpriu sua missão sem afetar minha vida.

Naquele dia, também a doença me visitou. No entanto, esta tem outros métodos, bem como outros propósitos. Chegou sem pedir licença, invadindo o ambiente. Instalou-se em minha garganta e foi ter com minhas amídalas. A prescrição é sempre a mesma: amoxicilina e paracetamol. Faço uso desses medicamentos e sinto-me definitivamente prostrado. Acho que é por isso que os chamam de antibióticos, porque são contra a vida. Não apenas a vida de bactérias e vírus, mas toda e qualquer vida...

Como se não bastasse, problemas do passado também me visitaram. Não vieram pelo telefone, porque palavras pronunciadas ativam as emoções apenas no momento e depois se perdem, difusas, levadas pela brisa. Vieram pelo correio, impressos em papel e letras de baixa qualidade, anunciando sua perenidade, sua condição de fantasmas eternos até que sejam exorcizados.

Diante de um quadro como esse, não há como deixar de sentir-se apequenado. O mundo ao redor parece conspirar contra o bem, a estabilidade e o equilíbrio que tanto se persegue. O desânimo comparece estampado em ombros arqueados e olhos sem brilho, que pedem para verter lágrimas de alívio.

Foram dias como esses que me ensinaram a arte da resiliência. Ajudaram-me a compreender a distinção entre contratempo, revés e tragédia. Quase todas as nossas dificuldades são meros contratempos. Assuntos corriqueiros, eventos cotidianos que ocorrem de um modo diferente de como gostaríamos, mas que temos por hábito supervalorizar. Um revés, por sua vez, é mais amplo, mas pode ser contornado mediante tempo e esforço. Já uma tragédia tem abrangência e impacto únicos. Atinge-nos de maneira devastadora, modificando-nos de forma permanente. Tudo é uma questão de proporção e perspectiva.

Aprendi que pouco adianta brigar com problemas. É preciso enfrentá-los para não ser destruído por eles, resolvendo-os. E com rapidez, de maneira certa ou errada. Muitos problemas resolvem-se por si mesmos; no entanto, quando você os soluciona de forma inadequada, eles voltam, dão-lhe uma rasteira e, aí sim, você os anula com correção. A felicidade, pontuou Michael Jansen, não é a ausência de problemas. A ausência de problemas é o tédio. A felicidade são grandes problemas bem administrados.

Aprendi a combater as doenças, tanto as do corpo quanto as da mente. Percebê-las, identificá-las, respeitá-las e aniquilá-las. Muitas decorrem menos do que nos falta e mais do mau uso que fazemos do que temos. E a velocidade é tudo nesse combate. Agir rápido é a palavra de ordem. Melhor do que ser preventivo é ser preditivo.

Aprendi a aceitar a tristeza. Não o ano todo, mas apenas um dia, à luz dos ensinamentos de Victor Hugo. Vinicius de Moraes dizia que "tristeza não tem fim, felicidade, sim". Porém, discordo. Penso que os dois são finitos. E cíclicos. O segredo é contemplar as pequenas alegrias em vez de aguardar a grande felicidade. Uma simples alegria é capaz de destruir uma centena de tristezas...

A vida tem educado meus olhos a verem a relatividade inerente a fatos e argumentos, bem como meus ouvidos a perceberem a relevância de opiniões contrárias às minhas. Além disso, tem me ensinado que as pessoas raramente estão contra mim, mas apenas a favor delas próprias.

A palavra resiliência, em si, pode cair no ostracismo, mas terá servido para ilustrar minha atitude cultivada ao longo dos anos diante das dificuldades impostas ou autoimpostas que enfrentei pelo caminho, transformando desânimo em determinação, descrédito em esperança, obstáculos em oportunidades, tristeza em alegria.

> *O problema não é o problema.*
> *O problema é sua atitude com relação ao problema.*
> Kelly Young

LIDERANÇA

Temos características inatas e outras que podem ser desenvolvidas. Esse mesmo fato também pode ser transferido para a questão da liderança. Algumas pessoas nascem com esse perfil e podem exercê-lo, desenvolvê-lo ou até negligenciá-lo, de acordo com os estímulos que recebe. Contudo, a liderança pode ser ensinada, porque é uma competência. Liderança é o processo de influenciar pessoas para obtenção de resultados em benefício de uma coletividade.

A liderança tem evoluído muito ao longo da história da humanidade. Segundo estudos da socióloga Jean Lipman-Blumen, evoluímos do que poderíamos chamar de "Era Física", na qual os líderes eram intrépidos, fortes e tinham como objetivo conduzir seus seguidores para a "Era Geopolítica", em que os líderes adotaram postura autoritária, legitimada na defesa de suas ideologias e fronteiras geográficas. Hoje vivemos na "Era da Interdependência", comandada por um novo tipo de líder, com competências para identificar e capitalizar aspectos capazes de unir as pessoas.

Um líder autêntico é alguém apto a conduzir um grupo com igual empenho e entusiasmo pelo mesmo objetivo, além de vislumbrar e desenvolver qualidades extraordinárias em pessoas comuns, alocando-as nas funções certas – aquelas em que podem exercer seus talentos. É alguém capaz de inspirar as pessoas.

O bom líder compartilha o poder, a informação, o compromisso e o resultado. Planeja estrategicamente e define táticas em conjunto. Comemora o sucesso e debate o fracasso. O limite é a tênue fronteira na qual o diálogo propositivo passa a ser visto como abertura para permissividade. E, nas horas críticas, assume responsabilidade pessoal na solução de problemas. Afinal, quando um navio está a pique, o capitão não convoca uma reunião de marujos no convés. Ele toma decisões, distribuindo ordens e tarefas.

Conceitos como chefia, supervisão e gerência são irrelevantes, dado que são todos cargos com ênfase na tarefa, muito preocupados com organização e controle, remetendo a uma orientação para fazer certo as coisas, ou seja, *doing things right*. O líder tem ênfase na estratégia, em alinhar pessoas com visão, bem como na estruturação e no ajuste da organização à dinâmica do jogo corporativo, remetendo a uma orientação para fazer as coisas certas, ou seja, *doing the right things*.

Boas equipes com uma liderança fraca ou se desintegram, ou têm a liderança substituída. Já um bom líder é capaz de transformar discórdia em união, apatia em entusiasmo, prejuízo em lucro, ressentimento em sorriso. No entanto, inexistem líderes solitários. Se o líder está só, na verdade não está liderando ninguém.

> *O fraco rei faz fraca a forte gente.*
> Camões

COMPETÊNCIAS VALORATIVAS

A maioria dos conceitos relacionados neste grupo de competências baseia-se nos estudos do excepcional filósofo, educador e amigo Mario Sergio Cortella.

A integridade remete ao ser íntegro, ou seja, único e indivisível. É a capacidade de fazer as mesmas escolhas, individual ou coletivamente, com a prevalência da verdade. Constitui-se como a matéria-prima da honestidade e da lealdade, imprescindíveis no ambiente corporativo, a fim de nutrir as relações com laços de confiança.

A generosidade é a virtude de buscar o melhor para outrem sem a preocupação de receber algo em troca. É abrir mão de interesses pessoais em benefício do próximo. Em última instância, é praticar o amor incondicional.

A pluralidade é a percepção da multiplicidade de preferências e manifestações do ser humano. Ela traz consigo o respeito e a tolerância diante de gênero, raça, credo, sexualidade, condição física e posição socioeconômica.

A ética é o conjunto de princípios e valores de conduta individuais ou coletivos e que estabelece uma fronteira entre o que desejamos e o que podemos fazer em sociedade.

> *O valor perfeito é fazer sem testemunhas o que se faria diante de todo mundo.*
> La Rochefoucauld

AUTOCONHECIMENTO

O processo de conhecer a si próprio envolve descobrir vocação e missão, identificar valores e exercitar a visão de futuro.

Como vimos anteriormente, missão é a sua razão de existir. Entendê-la habita antigas questões filosóficas como: "De onde viemos?" e "Para onde vamos?". Descobri-la será, portanto, fruto das perguntas que você se fizer.

Os valores são os princípios que guiam as decisões e balizam o comportamento no cumprimento da missão. Você pode partir dos valores já apresentados há pouco, utilizando-os como referências. Todavia, o fundamental é que determine aqueles que melhor representem quem você é.

A visão é a explicitação daquilo que você espera e acredita para o seu futuro. Configura-se como uma imagem mental poderosa que tem a propriedade de materializar sonhos. Ao vislumbrar seu futuro, lembre-se de desenhá-lo com cores alegres, vibrantes e positivas.

O que hoje se conceitua como "lei da atração" nada mais é do que uma imagem mental positiva, amparada por ação concreta em direção da realização e da conquista do sucesso.

No seu processo de autoconhecimento, procure identificar seus pontos fortes e fracos, a fim de fazer bom uso de suas forças e amenizar suas fraquezas.

O melhor instrumento para esse levantamento não é um questionário de autoavaliação, mas, sim, apontamentos feitos por pessoas que você estima e que lhe querem bem.

Selecione alguns familiares, amigos e colegas de trabalho, tomando o cuidado para escolher pessoas nas quais possa confiar. Solicite-lhes que escrevam em uma folha quais suas virtudes e defeitos, seus pontos fortes e fracos. Dê-lhes a liberdade para serem absolutamente sinceras, inclusive dispensando a identificação na folha de respostas.

De posse das respostas, faça uma tabulação e reflita sobre os resultados encontrados. É possível que você descubra que muitas pessoas valorizam determinadas características para as quais você não atribuía qualquer importância. Analogamente, poderá se surpreender ao notar que certas competências que você considerava bem desenvolvidas são tidas como deficiências em sua formação.

Nossa força vem de nossas fraquezas.
Ralph Waldo Emerson

PAIXÃO

Mesmo reunindo todas as competências relacionadas, você não estará preparado se negligenciar a emoção em seu trabalho. É necessário fazer o que se gosta e, ainda mais importante, gostar daquilo que se faz.

Todas as pessoas bem-sucedidas são unânimes em afirmar que chegaram onde estão porque fizeram aquilo de que gostavam. Esse é um pressuposto básico. Sem prazer e entusiasmo não há produtividade no trabalho, não há paixão no beijo.

Pense no filme que mais lhe agradou ou no livro cuja leitura mais apreciou. É provável que a passagem que acesse sua memória seja aquela revestida de emoção e sensibilidade. Esse é o canal para alcançar as pessoas, o sucesso e a felicidade.

Se você priorizar o dinheiro, poderá até se tornar rico materialmente, mas se sentirá miserável no plano espiritual. Contudo, entregando-se com prazer à sua vocação, poderá ter êxito e também cultivar a felicidade. Com brilho nos olhos e um largo sorriso.

A vida me ensinou que dinheiro e metros de sala vêm com o tempo. Não adianta tentar antecipar essas conquistas de outra maneira que não pelo trabalho dedicado, prazeroso e amoroso.

Passei por uma experiência desastrosa para aprender essa lição em meados do ano 2000. À época, minha empresa estava descapitalizada, e decidi organizar um treinamento para empresários por meio do qual os ensinaria a elaborar planos de negócios para pleitear financiamentos e créditos bancários.

Estruturei o curso e prepararei uma instrutiva apostila. Reservei um ótimo hotel com instalações adequadas e fácil localização, fechando um pacote para 100 pessoas, incluindo almoço. Coloquei minha agência de publicidade para trabalhar no material de divulgação. Fizemos um belíssimo folder, crachá e certificado de participação, além de peças publicitárias criativas que foram inseridas em jornais e revistas segmentadas. Estabeleci convênio com administradoras de cartão de crédito para oferecer outra modalidade de pagamento, inclusive permitindo o parcelamento do valor. Por fim, reservei um telefone 0800 (ligações gratuitas para o usuário) e um e-mail para o recebimento das inscrições, treinando as recepcionistas para um atendimento qualificado, com um *script* preparado para responder às mais diversas dúvidas.

No entanto, mesmo diante de todo esse planejamento, tive apenas 6 inscrições confirmadas! Evidentemente, o curso não se realizou, e todo o investimento de tempo e dinheiro escorreu pelo ralo. A lição foi dura, clara e definitiva. Meu erro foi focar o resultado financeiro, que acabou por não ocorrer.

> *Emprego é o que nós fazemos por dinheiro;*
> *trabalho é o que nós fazemos por amor.*
> Marysarah Quinn

SOMOS MAUS AMANTES

Convido você a uma viagem no tempo para uma breve reflexão. Reporte-se ao período que antecedeu seu ingresso na empresa em que trabalha atualmente.

Primeiro, foi a agradável surpresa pelo convite para participar do chamado processo seletivo. Cuidadosamente, você se preparou para a entrevista inaugural. Buscou informações sobre a empresa – sua história, valores, produtos e serviços comercializados – e sobre seu mercado de atuação – a conjuntura vigente, os cenários, as ações da concorrência.

No dia da conferência, você colocou sua melhor roupa e procurou chegar antes do horário agendado. No local marcado, outras pessoas, também vestindo seus melhores trajes e talvez igualmente preparadas, aguardavam com similar ansiedade.

É possível que uma atividade denominada "dinâmica de grupo" tenha sido imposta a você e aos demais postulantes ao cargo, divididos entre os descontraídos, os nervosos e os armados com respostas prontas e pasteurizadas. Uma ou mais entrevistas individuais posteriores elevaram o nível de tensão. Nelas, você foi sabatinado e pôde testemunhar grandes planos para o desenvolvimento da corporação – e de sua carreira.

Após trilhar esse percurso, você recebeu um telegrama, telefonema ou e-mail, em um final de tarde, possivelmente de uma sexta-feira, comunicando-lhe sobre sua admissão naquela companhia. Quanta alegria!

O final de semana foi eletrizante e dormir no domingo à noite mostrou-se uma missão quase impossível. O sol precisava raiar.

Seu primeiro dia foi movimentado. Você recebeu senha e crachá, conheceu seu local de trabalho e as instalações da empresa, bem como foi apresentado a umas poucas pessoas. Terminou o expediente bastante entusiasmado, porém com a impressão de que sobrou objetividade e faltou atenção, receptividade, hospitalidade.

Os meses se sucederam e em seu transcorrer as novidades se converteram em rotina; as expectativas, em frustração; a dedicação, em desânimo. Você passou a se questionar onde estava a empresa daquele disputado processo seletivo e o que se perdeu pelo caminho. Os dias tornaram-se longos, o horário de partir demorado em chegar.

Da mesma forma, a companhia passou a indagar sobre seu comportamento, suas ações e, em especial, os resultados decorrentes de seu trabalho. Nos bastidores, talvez você tenha sido qualificado como negligente, omisso e até desinteressado.

As empresas investem recursos e tempo de pessoas altamente qualificadas para selecionar um profissional, mas deixam de promover sua integração efetiva ao grupo. Carecem de pós-venda, dificuldade que talvez se manifeste na prestação de seus próprios serviços.

Já os profissionais deixam-se abater pelos eventos e transferem às corporações a culpabilidade pela sua perda de motivação, esquecendo-se de que esse é um processo endógeno, sendo responsabilidade pessoal a perda do incentivo de outrora.

É por isso que costumo dizer que somos maus amantes. Trabalhamos muito, chegamos a lutar para auferir determinadas conquistas, mas somos incompetentes para mantê-las e desenvolvê-las. Perdemos a capacidade de nos apaixonar pelas coisas que fazemos – e pelas pessoas que conhecemos. Entregamo-nos aos hábitos, às regras, normas e convenções. E, dessa forma, permitimos que os relacionamentos despeçam-se da emoção, as refeições declinem do aroma e do sabor, a vida seja vivida sem cor.

Seja no mundo corporativo, seja nas relações pessoais, o segredo está em cuidar das pessoas, conquistando-as um pouco mais a cada dia – ou mesmo reconquistando-as.

> *Pessoas que vivem impulsionadas pela paixão são recompensadas pela satisfação de saber qual é o seu lugar no mundo.*
> Po Bronson

FAZENDO ACONTECER COM POUCO DINHEIRO

Participar de cursos e treinamentos é tudo o que você gostaria de fazer para desenvolver suas competências. Entretanto, seu orçamento impede tal investimento, e na empresa em que você trabalha a política é não fazer concessões. Então, você se sente preterido pela própria sorte.

O fato é que há muitas oportunidades de eventos gratuitos ou com custo bastante reduzido. Pesquise em seu município, sobretudo em órgãos vinculados à Secretaria do Trabalho. Também é válido consultar sindicatos, associações de classe e entidades como o SEBRAE. Em meu site, por exemplo, realizo o sorteio de ingressos gratuitos para cursos e eventos todos os meses.

Outra possibilidade é o autodidatismo, ou seja, o autodesenvolvimento (estudar sozinho) a partir da leitura de obras que podem ser adquiridas em bibliotecas ou por meio da internet com acesso livre em domínios públicos.

Em suma, é possível fazer acontecer. Basta querer e se planejar.

Vida 4
Cultura e Lazer

Cultura não se herda, conquista-se.
André Malraux

Sua quarta vida é ora confundida, ora ofuscada pela vida anterior. Confundida, porque há quem considere o desenvolvimento cultural como instrumento exclusivo para ascensão profissional. Ofuscada, porque o trabalho teima em prevalecer em detrimento do lazer.

Pesquisas de remuneração sempre indicam uma correlação positiva entre salário e nível de escolaridade. Sem mencionar um estudo específico, podemos simplificar dizendo que um profissional com nível superior completo recebe o equivalente a pelo menos o dobro de outro que tenha somente o ensino médio. O domínio de um idioma estrangeiro também pode garantir uma remuneração até 50% maior.

Assim, é correto afirmar que você precisa buscar cursos de especialização, títulos e fluência em outros idiomas para ser reconhecido como digno de subir alguns degraus na hierarquia de uma empresa. Todavia, preocupa-me reduzir a vida cultural a essa dimensão, porque você pode perfeitamente estar evoluindo com foco em uma carreira que não lhe conduzirá à felicidade.

Por isso, a vida cultural deve ser entendida como a busca não apenas do conhecimento mas também do autoconhecimento, o qual lhe permitirá fazer escolhas mais adequadas e alinhadas ao seu perfil.

> *Para alcançar o conhecimento, acrescente coisas todos os dias.*
> *Para alcançar a sabedoria, remova coisas todos os dias.*
> Lao Tsé

EDUCAÇÃO: UM TRISTE LEGADO

Ingressei em meu primeiro curso de nível superior em 1989, aos 17 anos. Como qualquer jovem universitário, muitas eram as expectativas e os sonhos. Além da certeza de que seria possível rapidamente mudar o mundo, eu estava seguro de que a partir daquele momento estudaria somente o que me interessasse e que todo o aprendizado seria aplicável na construção de uma carreira de sucesso.

Na ocasião, eu carregava reminiscências de minha insatisfação com o sistema educacional, do ensino fundamental ao médio, desembocando na impropriedade do exame vestibular. Questões de física e química remetendo ao uso de fórmulas e equações que precisam ser decoradas pelo estudante para serem utilizadas na solução de problemas absolutamente desconectados do cotidiano.

Aprende-se a mensurar a velocidade de arrasto de um peso ancorado em uma polia, mas não se aprende a trocar a resistência elétrica de um chuveiro ou a compreender o quanto o consumo de equipamentos eletroeletrônicos afeta a conta de energia elétrica.

Ensinam-se cálculos estequiométricos em reações químicas, mas não o porquê de a adição de álcool à gasolina elevar a potência do motor de um carro.

Mais algumas regras memorizadas e se está habilitado a estimar a altura "h" de um triângulo escaleno inserido em um poliedro ou a probabilidade de se extrair uma sequência de bolas coloridas mediante determinada combinação preestabelecida, mas não se dispõe de instrumental suficiente para calcular os juros embutidos nas prestações de um produto vendido "em oferta" por uma loja de departamentos.

Aprende-se a vital diferença entre angiospermas e gimnospermas, sem nunca se ter visitado um jardim botânico ou revolvido a terra. Ensina-se como ocorre a fotossíntese, mas não se discute educação ambiental. Gametas e zigotos são explorados ao longo de todo um ano, mas educação sexual é evitada.

Ignora-se a crise política e de valores do País e os conflitos étnico-religiosos no mundo para se explorar em profundidade as peculiaridades do feudalismo. Questiona-se sobre as características físicas ou da personalidade do protagonista de um romance, mas não se promove o prazer pela literatura por meio da leitura despretensiosa.

> *Tudo o que não sei aprendi na escola.*
> Ennio Flaiano

Foi nesse contexto que acessei os portões da universidade. O mundo real estava prestes a começar, e eu, pronto a desvendá-lo e explorá-lo. Ledo engano...

ESCOLHAS

Meu primeiro curso superior foi em Economia, na Faculdade de Economia, Administração e Contabilidade da Universidade de São Paulo (FEA-USP). Quando ingressei, o Brasil vivia uma das maiores crises inflacionárias de sua história, o que tornava o ministro da Fazenda um homem público de grande prestígio. Não foi por acaso que no primeiro dia de aula, em uma turma formada por cerca de 50 alunos, eu era um dos três postulantes ao cargo de ministro...

Contudo, aquela foi a escolha mais equivocada de minha vida acadêmica. O curso de economia não guardava sinergia com minhas pretensões profissionais, meu estilo, minha vocação. Fui jubilado (expulso por superar o limite de faltas), reintegrado e jubilado novamente. Afeito a concluir o curso, com intuito de garantir a titulação e motivado por algumas poucas aulas excepcionais, como as ministradas por Eduardo Giannetti da Fonseca e João Sayad, prestei novo concurso vestibular. Fui mais uma vez aprovado e retomei os estudos.

Sofri uma terceira jubilação, uma nova reintegração e, então, fui jubilado pela quarta e última vez. Balanço final: três disciplinas e a monografia (trabalho de conclusão de curso) me separaram do título formal de bacharel em Economia. No entanto, após cerca de 8 anos, era impossível continuar insistindo em algo que não me aprazia, mas, sim, consistia em um pesado fardo.

Depois disso, ingressei na Escola Superior de Propaganda e Marketing (ESPM) e concluí o curso de Comunicação Social sem apuros, dentro do prazo previsto de 4 anos. Identifiquei-me como publicitário, e a paixão pelo marketing incentivou-me a cursar especialização na Madia Marketing School. Mais do que isso, foi graças a esse período que descobri o deleite de escrever. Nascia despretensiosamente o autor.

Em paralelo, as mudanças em minha vida profissional conduziram-me ao curso de especialização em Qualidade de Vida no Trabalho, realizado na Fundação Instituto de Administração (FIA) da USP, e, posteriormente, ao mestrado em Gestão Integrada em Saúde do Trabalho e Meio Ambiente pelo Centro Universitário Senac.

O motivo desse relato é convidar você, leitor, a uma reflexão a partir dessa minha experiência. Afinal, eu sempre me pergunto o que teria sido de minha carreira e de minha vida se eu tivesse saltado todo o período acadêmico envolvendo o curso de Economia. Possivelmente, eu teria ganhado quase uma década, todos os anos 1990!

Por isso, qual foi a carreira acadêmica que você escolheu? Qual curso fez ou está cursando e por quê? Há sinergia com sua atividade profissional? E com seus sonhos e sua vocação?

Formule muitas perguntas e procure respondê-las com sinceridade. Desapegue-se de velhos paradigmas, como a divisão do conhecimento em áreas específicas e desconectadas (exatas, humanas, biológicas). Além disso, procure conhecer pessoas e locais em que a carreira que você pretende seguir é exercida.

Converse com outros profissionais, participe de congressos e seminários, leia livros, assista a aulas. Encare esse processo como uma investigação que lhe poupará tempo e dissabores futuros. Considere inclusive a realização de testes vocacionais, desde que aplicados por profissionais referendados. Nesse caso, não se limite aos resultados de um único teste, realizando ao menos dois ou três ensaios complementares.

ESPECIALISTA OU GENERALISTA?

Outra questão que pode habitar seus pensamentos é sobre qual direcionamento conferir à carreira acadêmica. Devo fazer uma segunda graduação ou um MBA? Devo buscar uma formação complementar àquela que tenho ou aprofundar conhecimentos em meu campo de atuação?

Até o início dos anos 1990, havia um consenso de que o bom profissional deveria ser um especialista, sedimentando o saber a ponto de tornar-se reconhecido como o melhor entre seus pares, uma autêntica referência.

No entanto, a globalização ensejou um novo perfil de profissional. Agora, não basta ser o melhor, um especialista em sua área. É preciso cultivar uma visão sistêmica, a capacidade de conhecer e interpretar o todo. Precisamos nos tornar especialistas em generalidades.

Todavia, que fique clara a importância da especialização no desempenho profissional. Fazendo uma analogia, um bacharel em Direito com *expertise* no âmbito tributário, cível, trabalhista e criminal evoluirá com menor velocidade que outro especialista em direito digital, por exemplo. O desafio é ser o melhor em um campo do conhecimento, mas com a habilidade de transitar com desenvoltura por todos os demais.

A resposta para as questões formuladas no início deste tópico está associada aos objetivos que se pretende alcançar. Exemplificando, para um engenheiro que trabalhe com gerenciamento de obras, um curso de administração será bastante recomendável, ao passo que, para um engenheiro químico que atue com pesquisa em um laboratório, uma especialização em sua área será mais adequada.

O especialista em direito digital, mencionado anteriormente, encontrará terreno fértil para atuar como consultor em diversas companhias exclusivamente sobre esse tema. Poderá escrever artigos e livros sobre ele, concedendo entrevistas, tornando-se fonte para jornalistas. Já o advogado generalista terá melhor trânsito como consultor ou contratado em empresas de pequeno e médio porte.

O HÁBITO DA LEITURA

Ler é um hábito que pode ser desenvolvido a qualquer tempo. Como tal, o estímulo pode partir da família, da escola ou de si mesmo. Tive o privilégio de contar com esses três fatores.

Da família, tive o incentivo de minha irmã Sandra, que desde cedo fez chegar às minhas mãos livros variados.

Da escola, recordo-me de um período, por volta dos 12 anos de idade, de uma tarefa na disciplina Língua Portuguesa que consistia em recortar manchetes de jornal para elaborar uma espécie de semanário. Desde então nunca mais deixei de ler jornais.

Por iniciativa própria, veio o aprendizado de que leitura ruim é aquela que não proporciona prazer e de que livro novo não é aquele que acabou de ser lançado, mas aquele que se mostra saboroso a cada leitura, inclusive quando revisitado.

Por força dessa experiência, posso sugerir-lhe: comece hoje a cultivar o hábito da leitura!

> *Os verdadeiros analfabetos são*
> *os que aprenderam a ler e não leem.*
> Mário Quintana

Faça a assinatura de um jornal e de revistas diversas ou acesse o conteúdo desses veículos por meio da internet.

Evite a armadilha de se concentrar apenas em literatura associada ao seu universo profissional e acadêmico. É pela leitura que você amplia seus horizontes. Assim, se você trabalha com negócios, tem por obrigação ler uma revista de variedades, um caderno de esportes, uma revista em quadrinhos, e assim por diante. Isso também se aplica em relação a livros. Pergunte-se: "Qual foi a última obra que li?", "Quantos livros desfrutei no decorrer do último ano?"

É provável que você esteja protelando muitas leituras adquiridas por impulso ou por interesse e que aguardam oportunidade na estante de sua casa. Determine todos os dias um horário para dedicar-se à leitura. Pode ser no intervalo do almoço ou à noite, antes de adormecer. Se você se acostumar a ler apenas dez páginas diárias, certamente contabilizará ao menos uma obra por mês, ou seja, 12 livros por ano. É uma ótima marca!

Tal como o corpo se exercita, o intelecto o faz pela leitura. E bastam 30 minutos diários.

Encontre na leitura uma fonte de descontração e inspiração; a descoberta de novas linguagens e ideias capazes de ampliar sua mente e seus propósitos; um caminho para desenvolver seu senso crítico, estimular a inquietude e blindar-se contra a manipulação. Leia e estimule a leitura. Presenteie amigos e familiares com assinaturas de revistas e crianças com livros infantis para iniciá-las na aventura de ler.

Além disso, recuse todo tipo de leitura desagradável. Há muito para se ler, e o tempo, sempre ele, é exíguo.

Contudo, lembre-se sempre de buscar o equilíbrio. Leitura em excesso também é prejudicial, pois pode fazer com que você se limite a reproduzir o que os outros pensam, perdendo sua originalidade.

ALDEIA GLOBAL

Conecte-se ao mundo externo. Esse é um imperativo destes novos tempos. Tenha uma carreira internacional. Fale mais idiomas. Trabalhe fora ou, ao menos, participe de eventos, conferências e viagens.

Falar um segundo idioma é um bloqueio que afeta muitas pessoas. Atribuo esse fato, em grande parte, ao mau ensino da língua inglesa ao qual somos submetidos. O verbo *to be* e um parco vocabulário são repetidos à exaustão ao longo de, no mínimo, sete anos, desperdiçando-se a oportunidade de conferir fluência verbal ao estudante mesmo após tanto tempo de dedicação ao idioma.

Entretanto, a necessidade, aliada ao comprometimento, podem funcionar como instrumentos catalisadores do processo de aprendizagem, conforme relato a seguir.

Era princípio de janeiro quando recebi uma solicitação de palestra para ser realizada em Assunção, capital do Paraguai. Fui informado de que não haveria tradução simultânea no evento, ou seja, eu teria que apresentar minha palestra em espanhol, ou melhor, "portunhol", como a própria agente contratante definiu.

Ocorre que, em meu entender, seria um desrespeito com a plateia proferir a conferência sem falar com correção o idioma local. Por isso, declinei do convite e no mesmo dia fui a uma escola e me matriculei em aulas intensivas de espanhol.

Ainda que você opte por não estudar um idioma a ponto de se tornar fluente, é possível aprender um vocabulário mínimo que lhe permita comunicar-se em outra língua. Para tanto, basta adquirir um dicionário e aprender uma nova palavra a cada dia. Ao final de um ano, com certeza terá memorizado ao menos cem palavras!

ALDEIA LOCAL

Diante da importância de se comunicar com outros povos em outros idiomas, esquecemo-nos de zelar pela nossa própria língua, a qual tem sido vilipendiada desde salas de aulas até letreiros e fachadas, passando por conversas de bar e mensagens eletrônicas.

> *Sou a favor da internacionalização da cultura,*
> *mas não acabando com as peculiaridades locais e nacionais.*
> Ariano Suassuna

A língua é o símbolo de nossa identidade cultural, aproximando-nos por meio da comunicação. Seja pelo respeito às nossas raízes, seja como estratégia de marketing pessoal, falar e escrever com correção são objetivos que merecem ser perseguidos.

É evidente que não devemos abdicar da simplicidade e leveza da linguagem coloquial, como diálogos fortuitos, temperados com gírias e expressões que unem e identificam grupos e pessoas. No entanto, o problema surge quando essa informalidade invade ambientes corporativos e eventos sociais, momento em que se perde a noção da fronteira que separa conversas em salas de bate-papo de memorandos enviados por e-mail. O "não" é displicentemente substituído por "naum"; "você" e "também", inocentemente trocados por "vc" e "tb".

Pior quando se pronuncia "pobrema", "menas" e "seje", entre outras pérolas, em lugar de "problema", "menos" e "seja". Ao interlocutor, doem-lhe os ouvidos, e a imagem e a credibilidade de quem fala ficam severamente comprometidas.

A língua portuguesa é digna de ser estudada permanentemente, em um processo sem fim. Isso não envolve retornar aos bancos escolares, mas ter sempre à mão um dicionário e consultá-lo. Além disso, ler em profusão amplia o vocabulário e elimina dúvidas gramaticais recorrentes, porque é possível aprender conjugação, pontuação, acentuação, coesão e coerência textuais a partir da forma como os autores se expressam.

Bom seria se o ensino do latim fosse retomado já no ciclo fundamental com uma abordagem prática que estimulasse o pensar, permitindo aos alunos compreenderem o significado das palavras a partir de sua etimologia, ou seja, de sua origem linguística.

FALAR EM PÚBLICO

Ao tratar da comunicação, é impossível deixar de abordar a importância de aprender a falar em público.

Pesquisas feitas em diversos países indicam que o medo de falar em público é tão significativo que chega até a superar o medo da morte!

Independentemente de sua posição profissional ou social, em algum momento será necessário falar para uma plateia. Pode ser durante uma reunião na empresa, na apresentação de um trabalho acadêmico, durante um evento social ou mesmo em ocasiões informais com os amigos.

A boa notícia é que todos nós podemos aprender técnicas para falar em público, superando receios e constrangimentos, alcançando êxito na transmissão da mensagem.

Em 1998, eu nem sequer imaginava que um dia poderia seguir uma carreira como palestrante profissional. Na ocasião, enquanto empresário, identifiquei a necessidade de melhorar minha comunicação e procurei o Instituto Reinaldo Polito para fazer seu Curso de Expressão Verbal. Muitos foram os ensinamentos que guardo comigo e aplico até hoje. E, embora não seja o propósito desta obra, gostaria de compartilhar algumas dicas práticas que aprendi com meu mestre e amigo Reinaldo Polito, indiscutivelmente a maior referência em oratória de nossos tempos.

1. **Domine o tema.** Procure falar a respeito de um assunto sobre o qual você tenha domínio. Pode ser fruto de sua experiência pessoal, acadêmica ou profissional. O fato é que conhecer o assunto com certa profundidade torna sua exposição mais original, espontânea e cadenciada, conferindo-lhe maior tranquilidade e credibilidade. Em 2005, após apresentar a palestra "Sete Vidas" na Adidas do Brasil, o presidente da empresa, Marcelo Ferreira, solicitou-me uma palestra sobre administração do tempo. Na ocasião, informei-o de que esse tema não constava em meu portfólio e que precisaria prepará-lo. Durante seis meses, li uma variedade de livros sobre o assunto, até estar pronto para discorrer sobre o tema. Hoje esse é um de meus objetos de estudo favorito, e a palestra "Construindo um dia de 30 horas", um dos temas mais requisitados.

2. **Conheça seus ouvintes.** Saiba previamente com quem irá falar e busque informações sobre seu perfil. Cada audiência demanda uma

abordagem diferenciada, porque tem características e expectativas próprias. Imagine como dirigir-se a estudantes e executivos, jovens e idosos, pós-graduados e pessoas com menor instrução. A linguagem e os exemplos seguramente serão distintos em cada situação.

3. **Conheça o espaço físico.** Visite com antecedência o ambiente no qual irá discursar. Avalie suas dimensões e o impacto sobre a acústica, a disposição dos assentos em relação ao palco ou ao local em que você ficará postado, o índice de luminosidade, as áreas de circulação. Mais do que tudo isso, perceba o ambiente, a fim de sentir-se confortável no momento da exposição. Em 2006, na Celulose Nipo-Brasileira (Cenibra), fui convidado a ministrar a palestra de encerramento da Sipat. O local era improvisado, a fim de permitir a participação de um maior número de colaboradores, e a tela de projeção era diretamente afetada pela luz do sol. Por conhecer essa situação previamente, alterei o conteúdo de minha apresentação, excluindo imagens e vídeos que não seriam visíveis naquelas condições, sem prejuízo à mensagem final.

4. **Use a roupa certa.** Terno e gravata para homens, *tailleur* para as mulheres, certo? Não necessariamente. Dependendo das características do evento, um traje mais informal pode ser recomendável e garantia de sucesso. Já participei de convenções de empresas nas quais substituí o conjunto camisa social, gravata e paletó pela camiseta com o tema do evento. Isso gera proximidade e sinergia com os participantes.

5. **Dê colorido à sua voz.** Uma palestra tem como característica o fato de ser, em essência, um monólogo, ainda que o conferencista utilize recursos variados, incluindo a participação da plateia. Por isso, durante a exposição, alterne a entonação e a velocidade da voz, ora falando mais alto, ora sussurrando; ora discorrendo pausadamente, ora acelerando as frases.

6. **Pronuncie bem as palavras.** Além de pronunciar as vogais em ditongos e os "r" e "s" em finais de palavras, atente para evitar o uso de expressões como "né", "ãã", entre outros, uma vez que

podem comprometer a qualidade da comunicação. Procure sempre aprimorar sua dicção, articulando com correção palavras e sons.

7. **Cuidado com o vocabulário.** A linguagem utilizada na comunicação deve estar alinhada ao perfil dos participantes. Assim, jargões profissionais e termos técnicos podem ser utilizados com seus pares, mas são inadequados para uma audiência heterogênea. Além disso, tenha atenção especial em relação às regras gramaticais, conjugação de verbos, concordância, coesão e coerência textual.

8. **Use a expressão corporal.** Albert Mehrabian, professor emérito de psicologia da Universidade da Califórnia (UCLA), conduziu a partir de 1967 estudos que originaram a *Teoria 7-38-55*, publicada no Journal of Consulting Psychology com o título "Inference of attitudes from nonverbal communication in two channels". O estudo indica que, no processo de comunicação, somente 7% do impacto da mensagem decorre de seu conteúdo, 38% da comunicação verbal (intensidade e velocidade da voz) e 55% da linguagem não verbal (gestos, postura, contato visual). Portanto, o sucesso da comunicação interpessoal não está naquilo que você diz, mas em como diz.

9. **Conquiste a atenção dos ouvintes.** Olhe com atenção para a plateia, percorrendo todo o ambiente. Movimente-se para alterar o campo visual de atenção. Aproxime-se das pessoas e procure interagir com elas. Perceba os sinais emitidos, de interesse ou dispersão, em sua mensagem, alterando, assim, a abordagem, seja por meio de inflexão na voz ou de mudança no foco temático. A ordem é persuadir e cativar o público. E lembre: os primeiros minutos de sua exposição são fundamentais. É o momento em que as pessoas estão mais desarmadas e suscetíveis a serem conquistadas por você. Em minhas palestras, costumo aliar recursos audiovisuais a fim de ganhar a atenção dos participantes com sons e imagens que se integrem à minha voz e ao conteúdo transmitido.

10. **Cultive o bom humor.** Conduza sua apresentação com naturalidade e descontração, transmitindo a mensagem desejada de forma

agradável, com tranquilidade e toques de bom humor. Um semblante sereno e um sorriso autêntico são capazes de quebrar resistências, mudar opiniões e romper barreiras aparentemente intransponíveis.

11. **Cuidado com piadas e desculpas.** Bom humor não remete necessariamente a contar piadas. Todavia, caso deseje fazê-lo, evite piadas de cunho político e religioso, pois é grande o risco de agradar a alguns e ferir outros tantos. Também é aconselhável evitar desculpar-se em razão de problemas físicos, por exemplo. Se estiver resfriado, ao desculpar-se por seu estado no início da apresentação, fará com que todos concentrem-se ainda mais em seu problema, o qual poderia até passar despercebido.

12. **Planeje o discurso.** Começo, meio e fim. Definir uma estrutura lógica para sua apresentação ajudará você a concatenar suas ideias, facilitando o entendimento da plateia. Faça a abertura informando sobre o que irá falar, desenvolva o raciocínio e conclua, trazendo um pequeno resumo antes do fechamento. Se pretender apresentar uma solução para um problema, informe antes qual é o problema.

13. **Fale de improviso.** Esse é um reforço da recomendação inicial de dominar o assunto que será abordado. É importante ter uma estrutura de discurso mentalmente definida, conforme mencionado, mas não se apegue a isso como cartilha, e sim como um guia. Esteja livre para mudar o conteúdo e a ordem de sua apresentação. E lembre-se de que imprevistos ocorrem, como problemas técnicos com equipamentos, os quais podem interferir em seu desempenho.

14. **Responda a perguntas.** Coloque-se sempre disponível para responder aos questionamentos dos participantes. É evidente que para fazê-lo você deverá dominar o tema, mostrando-se preparado para um eventual debate, inclusive oriundo de uma plateia hostil. Mantenha a serenidade e não se acanhe em declinar de perguntas para as quais desconhece a resposta. Demonstre uma postura segura. Momentos preciosos tenho vivenciado ao término de minhas palestras quando há a oportunidade de interagir de perto com os

presentes. Minha experiência tem demonstrado que o questionamento de um corresponde à dúvida de outros, permitindo-me, inclusive, escrever posteriormente sobre o assunto em pauta.

15. **Capriche no encerramento.** Uma mensagem poderosa e consistente ao término de sua apresentação poderá ganhar a simpatia dos ouvintes, inclusive daqueles que estiveram reticentes ao longo de toda a explanação. Geralmente finalizo minhas palestras declamando um poema com texto alinhado ao tema apresentado.

Conforme relatei no início deste tópico, meu intuito foi somente compartilhar algumas sugestões. Essas dicas e muitas outras podem ser encontradas com maior detalhamento e riqueza de exemplos nas obras do professor Reinaldo Polito.

TODA FORMA DE CULTURA...

Discorremos sobre formação acadêmica, cursos, leituras e idiomas. Contudo, evidentemente, a vida cultural tem amplitude muito maior.

A cultura envolve os valores da sociedade, entre os quais devemos destacar as artes.

Por isso, assista a filmes pela TV, em vídeo e no cinema. Vá ao teatro, a shows, bares, museus e exposições. Convide amigos e familiares para compartilhar esses momentos.

O grande segredo está em estipular uma regularidade para cada um desses eventos, programando-os em sua agenda. Evite limitar-se só à televisão.

> *Quem tem imaginação, mas não tem cultura, possui asas, mas não tem pés.*
> Joseph Joubert

Considere ainda a possibilidade de desenvolver outras atividades culturais. Experimente aprender culinária, artesanato, pintura ou jardinagem. Estude história da arte, mitologia ou física quântica. E exercite também sua inteligência musical.

LETRA E MÚSICA

Já pensou em escrever poemas, crônicas ou até mesmo um livro? E tocar um instrumento musical?

Retomo o início deste capítulo, quando passei a questionar as mazelas que envolvem nosso sistema educacional. Se nossa língua-pátria fosse ensinada com carinho a ponto de nos fazer apaixonados por ela, seria automático apreciar não apenas a leitura mas também a escrita.

Assim, teríamos desde a mais tenra idade o hábito de registrar nossas memórias em pequenos diários. Escreveríamos bilhetes para lembrar, cartões de aniversário para homenagear, cartas de amor ou amizade para emocionar, blogs para perenizar.

Nesse contexto, surgiriam pequenos poetas de *haikai* e sonetos, cronistas de ficção e realidade, críticos e conselheiros, novelistas e historiadores. E ainda não sendo esse nosso quadro atual, acredite, há um escritor dentro de você!

Por isso, considere a possibilidade de começar a escrever hoje. Principie com pequenas frases, talvez criadas para você mesmo, e depois passe a presentear pessoas de seu círculo de relacionamento.

Quando sentir-se mais preparado, publique seus textos na internet. Há uma diversidade de sites dispostos a receber de bom grado seu trabalho. Passei por essa experiência atestando a capacidade de multiplicação que muitos qualificam como "viral" desse meio eletrônico.

Meu primeiro artigo foi publicado em maio de 2002 em um portal educacional. Ao final daquele ano, já eram 7 os sites que publicavam meus textos. Quase dez anos depois, esse número ultrapassa a marca de 800 sites, no Brasil e em mais de quinze países nos quatro cantos do mundo.

Além disso, você inicia seu trabalho pela internet, mas logo editores de jornais e revistas o convidam para fornecer conteúdo editorial para suas publicações. Quando você notar terá em mãos material suficiente para ser organizado em formato de livro...

Em relação à música, o processo é similar. Novamente, seria desejável se o despertar para a música surgisse nos bancos escolares, nas aulas de educação artística, por exemplo.

A paixão pela banda Supertramp, ainda quando garoto, levou-me a apreciar um instrumento musical em particular: o saxofone. Tanto que decidi comprar um, usado mesmo, a partir dos anúncios classificados de um jornal.

Então, busquei um instrutor e passei a tomar aulas periódicas com a expectativa de, um dia, tocar "The logical song". Contudo, para atingir esse estágio, descobri que teria que aprender escalas musicais, além de ler partituras.

Meses se passaram e, frustrado, descobri-me absolutamente desprovido de talento musical. Olhar para um pentagrama com suas claves de sol, semibreves, colcheias, bemóis e sustenidos era um atestado de ignorância plena. Era como vislumbrar a fórmula do tolueno sem entender nada de química orgânica!

Resignado, no auge de minha adolescência, aposentei meu sonho. E, desde então, o sax passou a ser um mero adorno. Aproveitando-me de sua beleza estética, passei a afixá-lo na parede de escritórios e, mais tarde, na sala de estar de minha casa.

Quase duas décadas depois, em uma daquelas fases da vida que decorrem de uma crise existencial, experimentei o meu "momento da virada". E, entre as diversas deliberações, estabeleci como meta aprender a tocar ao menos uma canção que fosse com o instrumento.

Foi quando conheci Alexandre Pena, um jovem professor que de tão apaixonado por música desenvolveu seu próprio método. E ele, com ponderação e tolerância, fez-me compreender que eu poderia não ter talento musical, mas tinha inteligência musical suficiente para aprender a tocar saxofone. Escala por escala, acorde por acorde, rompi o bloqueio mental que havia se instalado e aprendi a apreciar a música, bem como a estudá-la rotineiramente.

Dizem os dicionários que professor é aquele que professa, seja uma crença ou uma religião. E você só pode professar algo em que acredita, confia e segue...

Shakespeare, por sua vez, dizia: "Heróis são pessoas que fizeram o que era necessário, arcando com as consequências".

Quando elegemos um guru, e muitos professores assumem esse papel, em verdade, vislumbramos um herói, que ao longo de toda uma trajetória de erros e acertos pavimentou uma trilha pela qual o aprendiz transita com segurança e conforto.

O tempo passa e cada um de nós também abre clarões entre a mata. Assim, descobrimo-nos igualmente heróis, em especial quando dispostos a arcar com as consequências.

Enquanto educadores, esta é nossa maior e talvez única missão: inspirar nossos alunos. Ajudá-los a se descobrirem, a desenvolverem suas múltiplas inteligências e competências. Proporcionar-lhes a oportunidade de caminhar pelo chão batido ou asfaltado de terrenos abertos e sinalizados pelo prazer ou pela dor de nossas experiências.

Muitos já devem ter sido os alunos que capitularam em seus anseios, expectativas e sonhos em razão de maus mestres que, consciente ou inconscientemente, regaram sementes com fel ou as lançaram em terreno infértil. Contudo, felizmente, há aqueles que promovem o entusiasmo e despertam vocações, porque a vida de um professor se prolonga em outras vidas.

DOCES FÉRIAS!

É preciso avisar aos mais desatentos que a vida não é só trabalho, por mais que se o aprecie. Pausas são necessárias, pois revigoram o corpo e a mente, renovando ideias, permitindo novas percepções, estimulando a criatividade.

Férias devem ser tiradas com regularidade, tomando-se sempre o cuidado de não confundi-las com finais de semana emendados. Assim, férias de verdade são formadas por, no mínimo, dez dias consecutivos. Isso significa que você pode agendar duas pausas de 15 dias, uma por semestre, ou três intervalos de dez dias, um a cada quatro meses.

As atividades possíveis, nesses períodos, são as mais diversas. Você pode aproveitar para fazer um curso intensivo que namora há muito tempo. Pode elevar a frequência a cinemas e teatros, ler mais livros, ver mais filmes, praticar mais esportes, visitar amigos e parentes. Todavia, nada se compara a viajar para outras localidades, desbravando ambientes e estabelecendo contato com outros povos e culturas.

> Hoje entendo bem meu pai. Um homem precisa viajar.
> Por sua conta, não por meio de histórias, imagens, livros ou TV.
> Precisa viajar por si, com seus olhos e pés, para entender o que é seu.
> Um homem precisa viajar para lugares que não conhece para quebrar essa arrogância que nos faz ver o mundo como o imaginamos,
> e não simplesmente como é ou pode ser,
> que nos faz professores e doutores do que não vimos,
> quando deveríamos ser alunos e simplesmente ir ver.
>
> Amyr Klink

O maior desafio nos tempos atuais é sair em férias desconectando-se da rotina do cotidiano. Por isso, aventure-se a colocar o celular ou *smartphone* e o computador ou *tablet* de lado, mantendo-os desligados. Se for impraticável abdicar por completo da presença desses ilustres aparelhos, deixe para acessar a caixa postal e seus e-mails uma única vez por dia e por, no máximo, 30 minutos, apenas para resolver algo que seja realmente emergencial.

Em verdade, você se surpreenderá com o fato de que a vida no escritório continua enquanto você está fora. Aliás, essa é uma ótima oportunidade para exercitar a confiança em seus pares e sua capacidade de delegação, concedendo autonomia a outrem. Um bom líder consegue gerenciar de tal forma que sua presença não é percebida e sua ausência não é notada, porque preparou pessoas para atividades operacionais que dispensam sua participação direta.

Para realizar uma viagem prazerosa e edificante, faça uso de um bom planejamento. Pesquise e decida com antecedência o destino desejado, considerando o clima local na ocasião da visita. Leia sobre as características da região, a fim de conhecer um pouco mais sobre a cultura da localidade. Reserve hospedagem, prepare um roteiro e determine como fará seu deslocamento – avião, trem, carro ou outros meios. Organize sua mala procurando ser econômico na escolha das vestes, pois seguramente você desejará retornar com todo tipo de *souvenir*.

Nesse processo de planejamento, procure fazer uma estimativa dos gastos, acrescentando, ao final, uma margem de erro da ordem de 20%. Dessa forma, você poderá preparar-se financeiramente para seu passeio.

Por fim, lembre-se de colocar o mais imprescindível em sua bagagem: você! Leve-se por inteiro aonde quer que vá. Desfrute do momento com plenitude. Deixe os demais afazeres aguardando seu retorno.

FAZENDO ACONTECER COM POUCO DINHEIRO

Agora que a grade horária contornou a restrição de tempo para realizar tantas atividades, a pergunta que se faz é: "Como acomodar tudo isso no orçamento?".

O fato é que a falta de dinheiro não pode ser considerada como justificativa para a negligência de sua vida cultural, pois muito pode ser feito sem dispor de grandes somas de recursos.

Atividade	Como Fazer
Escola, faculdade, curso complementar	Ingressar em instituição pública; pleitear bolsa em escola privada por mérito em nota; obter financiamento público para custear os estudos; negociar pagamento parcial ou integral com o empregador como benefício.
Jornal, revistas, livros	Utilizar bibliotecas públicas; ler periódicos e revistas da empresa no almoço ou no final de expediente; compartilhar assinatura de jornal e revistas com outros colegas; adquirir livros em sebos; acessar o conteúdo pela internet.
Estudar português e outro idioma	Basta um dicionário, que pode ser adquirido em biblioteca pública ou sebo.
Televisão, vídeo, DVD	Alugar filmes em parceria com colegas, reduzindo o dispêndio.
Cinema, teatro, shows, museus	Aproveitar dias da semana com tarifa reduzida e promoções constantes que ofereçam espetáculos a preços populares.
Bares com amigos	Substituir bares públicos por eventos organizados na casa dos amigos com despesas rateadas.
Visitar parques	Não tem custo.
Escrever	Não tem custo.
Estudar música	Buscar escolas públicas; formar pequenos grupos para diluir o custo das aulas.
Pequenas viagens	Eventos de finais de semana que podem ser organizados com amigos ou grupos de excursão.
Férias	Planejar, preparando-se financeiramente, mês a mês, para a ocasião das férias.

Vida 5
Sociedade e Comunidade

Nenhum homem é uma ilha.
Thomas Morus

A rigor, vidas social e comunitária se assemelham. A vida em comunidade compreende o mundo das relações interpessoais íntimas e identificadas. É aquela que se vive em comum, com interesses específicos. A vida em sociedade, por sua vez, representa um universo amplo e impessoal, correspondendo a interesses genéricos. A comunidade é o micro, a sociedade é o macro.

Cuidar de sua quinta vida significa cultivar os relacionamentos, as amizades, o *networking*, praticar a responsabilidade social, desenvolver a cultura da sustentabilidade e cultivar a solidariedade. É sobre isso que vamos falar agora.

AMIZADE

Retomo os laços de amizade, agora não pela ótica da afetividade, como abordado anteriormente, mas do ponto de vista da sociabilidade.

Meu convite é para que você quebre o paradigma do encasulamento, deixando de restringir-se a pequenos grupos, clãs ou tribos de qualquer gênero.

Pense, por exemplo, em sua residência. Quer você more em uma casa, um apartamento ou um condomínio horizontal, há vizinhos em todo o seu redor. Assim, pergunto: "Quantos deles você conhece? Quais seus nomes? Onde e com o que trabalham? O que apreciam fazer?"

Experimente ir além de um protocolar bom-dia. Considere a possibilidade de tocar a campainha e se apresentar; convidá-los para um café com bate-papo em sua sala de estar, bem como presenteá-los com uma torta ou um bom livro. Só assim será possível florescer uma amizade sincera. Então, vocês poderão compartilhar um almoço, um churrasco, uma festa de aniversário, uma partida de carteado e também trocar ideias sobre problemas comuns, dividindo experiências e somando aprendizados.

Analogamente, observe seu ambiente de trabalho. Evite limitar-se a metas, reuniões e relatórios. Conheça seus colegas. Convide-os para desfrutar o café-da-manhã ou almoço ao seu lado, aproveitando essas oportunidades para falar sobre temas que transcendam o mundo corporativo que os une. Encontre pontos de convergência, preferências comuns, similaridade nas dúvidas e angústias. É provável que você descubra um parceiro de pescaria, um aliado para a prática de esportes, uma companhia para eventos de final de semana.

Feito isso, o desafio é valorizar as relações e mantê-las, dedicando-lhes cuidados. Basta um telefonema, um e-mail, uma carta, um sinal de fumaça, assim como uma mensagem de aniversário, votos de boas festas, presença nas festividades, acolhimento nas horas difíceis.

A REDE

Uma vez que você tenha exercitado sua sociabilidade, cultivando novas amizades, o próximo passo será ampliar sua rede de relacionamentos. E você poderá fazê-lo resgatando velhos contatos ou desenvolvendo novos.

A internet é um potente instrumento para auxiliá-lo nessa tarefa. Plataformas como o Orkut, Facebook, Linkedin, entre outras, permitem a localização de colegas do passado e a aproximação com pessoas desconhecidas, mas que guardem afinidades com seus propósitos.

Aliás, essas redes sociais baseiam-se na teoria do *small world*, ou seja, "mundo pequeno", cunhada em 1967 pelo psicólogo norte-americano Stanley Milgram, segundo a qual estamos distantes de qualquer pessoa do mundo por uma média de seis diferentes contatos – daí esse conceito ser também denominado "teoria dos seis graus de separação". As redes sociais estabeleceram o "zero grau de separação", pois hoje você está a um clique de distância de qualquer pessoa que queira conhecer!

Fora do mundo virtual, são variadas as oportunidades para expansão de sua rede. O único pré-requisito é superar a barreira da timidez e praticar um mínimo de ousadia. Por isso, jamais se permita sair de qualquer evento sem trocar cartões de visita. Pode ser em uma palestra ou curso, uma fila de cinema ou de banco ou um balcão de padaria em que você esteja fazendo seu desjejum. Habitue-se a conversar com estranhos. Frequente outros ambientes, seja um restaurante, um bar ou um museu, e converse com quem está ao seu redor. Dessas relações fortuitas, pode surgir uma nova direção em sua vida.

Lembre-se de que estamos na Era da Integração, em um mundo sem fronteiras e regido pela conectividade, no qual não são dados, informações, máquinas e tecnologia que fazem a diferença, mas, sim, pessoas – e, mais do que isso, relacionamentos. Você possivelmente namora, casou-se ou se uniu a alguém que conheceu em seus círculos de amizade. Se fumante, provavelmente começou a fazê-lo por influência de um colega. Torce pelo mesmo time que um de seus pais e vai a academias ou clubes por indicação de alguém. Comparece à igreja a convite de um de seus pares. Analogamente, trabalha em uma empresa ou mudará de emprego por recomendação de um conhecido.

Uma pesquisa realizada em maio de 2005 pelo Grupo Catho com 17.801 profissionais indicou que 56% dos cargos operacionais e 43% dos cargos de gerência foram preenchidos com base no QI do candidato. No entanto, não nos referimos ao famigerado "quociente de inteligência", e sim ao "quem indicou". *Networking* e relacionamento, essas são as palavras de ordem. Currículos aleatoriamente enviados pelo correio ou preenchidos pela internet podem se configurar em pura perda de tempo. Tornam-se lixo, físico ou eletrônico, antes que alguém leia o nome do remetente.

RESPONSABILIDADE SOCIOAMBIENTAL

Ao falarmos em sociabilidade, de imediato nos remetemos ao tema da responsabilidade socioambiental. Esse é o assunto da moda – para os profissionais, questão de empregabilidade; para as empresas, questão de sustentabilidade; para a sociedade, questão de sobrevivência.

Fome, miséria, mortalidade infantil, concentração de renda. Desmatamento, poluição, aquecimento global, degradação ambiental. Populações carentes deixaram de ser tese de sociólogos e antropólogos, assim como o meio ambiente deixou de ser verborragia de ecologistas e biólogos de plantão. Ambos os assuntos passaram a integrar a pauta social e o planejamento estratégico de empresas e governos.

Por que demoramos tanto para reagir? O que nos motivou, afinal, a fazê-lo? Como podemos contribuir individual e coletivamente para minorar esses problemas?

> *Um verdadeiro ambientalista sabe que não herdou o mundo de seus pais: é emprestado de seus filhos.*
> John James Audubon

ENSAIO SOBRE O INDIVIDUALISMO

A gênese da responsabilidade socioambiental reside naquilo que denomino princípio da individualidade. Primeiro, você cuida de você; depois, dos outros. É a natureza egoísta do ser humano. A luta pessoal é antes pela sobrevivência, depois pelo bem-estar e, por fim, pela satisfação de desejos de posse e poder.

Pode parecer um contrassenso tal comportamento, quando postulamos como valores mais virtuosos o altruísmo e a generosidade. Porém, o fato é que esse egoísmo imanente é importante, útil e necessário, pois remete ao instinto de preservação. É preciso zelar por si mesmo, buscando uma condição de equilíbrio e harmonia pessoal para que seja possível abraçar o próximo.

Lembro-me das viagens de avião, quando a comissária, em seus procedimentos iniciais durante a decolagem, informa aos passageiros: "Em caso de despressurização da cabine, máscaras de oxigênio cairão automaticamente. Coloque primeiro a máscara em você e, depois, em quem estiver ao seu lado".

A vertente coletiva dessa constatação individualista é demonstrada na história pelo desenvolvimento de uma sociedade orientada para a exclusão. Assim, já na Grécia Antiga, o berço da democracia, os direitos políticos estavam restritos a um contingente inferior a 10% da população. Escravos, mulheres, crianças e metecos (estrangeiros) sequer eram considerados cidadãos, privilégio exclusivo dos homens residentes em Atenas e filhos de pais atenienses, maiores de 18 anos e com serviço militar já cumprido.

Podemos dar um salto no tempo, alcançando a Idade Média e o modo de produção feudal. A sociedade apresentava reduzida mobilidade e era dividida em três estamentos: o clero, a nobreza (ou senhores feudais) e os servos da gleba, juridicamente livres, porém sufocados por elevada carga de impostos e obrigações em relação aos senhorios e à Igreja.

Mais alguns séculos adiante e encontramos na Revolução Francesa os ideais de "liberdade, igualdade e fraternidade", amparados pela Declaração dos Direitos do Homem e do Cidadão, que tinham por objetivo atender aos anseios do Terceiro Estado, mas que serviriam aos interesses da burguesia, em detrimento dos camponeses e *sans-culottes* (artesãos e proletários).

O tema voltaria à baila apenas em 1948, com a Declaração Universal dos Direitos Humanos, adotada pela Organização das Nações Unidas (ONU).

No Brasil, para ilustrar a tese de sociedade orientada para a exclusão, basta lembrar que o direito ao voto, considerado um ícone da cidadania, foi estendido às mulheres, sem ressalvas, somente em 1934, e aos analfabetos, em 1985.

A SOCIEDADE DE CONSUMO

Até a Revolução Industrial, o mundo viveu com base em uma economia agrária e extrativista. O novo mundo das manufaturas alterou o contexto econômico e social. A matéria-prima oriunda da natureza passou a alimentar fornos e máquinas, inaugurando a era da produção em larga escala. O carvão surgiu como fonte básica de energia, com elevado teor energético, porém altamente poluente. Substâncias químicas ingressaram no processo produtivo como insumos, porém sem qualquer rigor no controle de sua toxicidade.

Em paralelo, experimentamos um crescimento populacional sem precedentes. Segundo o Departamento de Assuntos Sociais e Econômicos da ONU (Desa), atingimos o primeiro bilhão de habitantes em 1802. Foram necessários 126 anos para alcançarmos 2 bilhões de habitantes – em 1928. A partir disso, o crescimento tomou uma proporção geométrica, uma vez que nos últimos 50 anos a população do planeta tem crescido outro 1 bilhão de pessoas a cada 13 anos apenas.

Mantido esse ritmo, atingiremos 7 bilhões de pessoas em 2012, 8 bilhões em 2025 e nada menos que 10 bilhões em 2050. Ainda que tenhamos um novo ciclo de aumento da produtividade no campo, na indústria e no trabalho, é plausível considerar os impactos de um crescimento demográfico dessa magnitude sobre o meio ambiente, a economia e a organização social.

A sociedade pós-industrial tem se caracterizado por ser uma sociedade de consumo. O *american way of life*, ou seja, o estilo de vida dos norte-americanos, contagiou todo o planeta. Da América à Europa, passando pela Ásia e o Oriente Médio, consumir tornou-se símbolo de sucesso, *status* e qualidade de vida.

A queda do Muro de Berlim, o recrudescimento dos regimes socialistas e comunistas, a era da informação capitaneada pelo advento da internet, enfim, todas as mudanças políticas, econômicas e sociais ocorridas em menos de duas décadas promoveram um novo ciclo de crescimento econômico mundial com o ingresso no mercado de consumo de uma massa de pessoas antes negligenciadas.

A exuberância desse consumo está exemplificada na crescente obsolescência dos produtos. Desde a obsolescência natural, decorrente dos avanços tecnológicos, até a obsolescência planejada, consequência de mudanças no design e das flutuações da moda. Exemplo disso é que hoje se troca de telefone celular como se troca de roupa.

Associe-se a isso a influência da mídia, favorecida pelos meios de comunicação de massa, que impõem a ditadura do consumo, bombardeando pessoas com veiculações explícitas ou subliminares, alterando, inclusive, as relações sociais e familiares.

Passamos a viver em função do trabalho, que cumpre um papel não apenas de atender às necessidades de sobrevivência e satisfação de indulgências, mas que se torna o meio para um único fim: comprar. Assim, nossa rotina restringe-se a um novo dilema, formado pelo tripé casa-trabalho-consumo.

Por fim, surge o crédito como componente catalisador desse processo, ofertado sem restrições, com taxas de juros nada módicas, porém com prazos dilatados, incentivando o consumo. Diante da falta de educação financeira e de uma cultura de curto prazo, legado de décadas de inflação galopante, troca-se a poupança pelo consumo imediato. A felicidade e a qualidade de vida passam a ser associadas à satisfação do prazer imediato a qualquer custo, em detrimento do prazer futuro planejado.

O subproduto do consumo é o lixo, que polui o ar, a água, o solo e altera o clima. Lixo acumulado em aterros, emitindo gás metano, ou processado em incineradores, produzindo dioxinas e outras substâncias tóxicas.

Se desejarmos de fato intervir nesse processo, basta iniciarmos com uma única ação: desligar a televisão. O resultado será a redução do consumo e um resgate das relações interpessoais, em especial familiares.

CAMINHOS PARA A AÇÃO

Em meados dos anos 1980, amplos debates versavam sobre a degradação da ozonosfera, a camada de ozônio que nos protege dos raios ultravioletas, em razão de produtos químicos produzidos pelo homem e lançados no ambiente.

Foi nesse contexto que, em 1987, foi publicado o Relatório Brundtland, nome dado ao documento Nosso Futuro Comum, elaborado pela ONU, que definiu o desenvolvimento sustentável como "aquele que satisfaz às necessidades presentes, sem comprometer a capacidade das gerações futuras de suprir suas próprias necessidades".

Duas décadas depois, relatórios divulgados pelo Painel Intergovernamental de Mudanças Climáticas (IPCC) passaram a focalizar a questão do aquecimento global.

Em outro momento histórico, a Conferência das Nações Unidas sobre o Meio Ambiente e o Desenvolvimento Humano, realizada em Estocolmo, de 5 a 15 de junho de 1972, colocou a questão ambiental em pauta. Todavia, somente duas décadas depois, com a realização da 2ª Conferência organizada pela ONU, no Rio de Janeiro (Rio-92), foi estabelecida uma agenda mínima para ação governamental, a chamada Agenda 21.

Anos depois, reunidos na sede das Organizações das Nações Unidas, em Nova York, entre os dias 6 e 8 de setembro de 2000, 147 chefes de Estado e de Governo, representando 191 países, estabeleceram um conjunto de 8 objetivos, divididos em 18 metas específicas, planejadas para funcionar como projeto e plano de ação, para as quais correspondem 48 indicadores de desempenho socioeconômicos.

Outro instrumento digno de menção é o Pacto Global, datado de 1999, formulado pelo então secretário-geral da ONU, Kofi Annan, objetivando unir o setor privado, as agências das Nações Unidas (Alto Comissariado para Direitos Humanos, Programa das Nações Unidas para o Meio Ambiente, Organização Internacional do Trabalho, Organização das Nações Unidas para o Desenvolvimento Industrial e Programa das Nações Unidas para o Desenvolvimento) e os atores sociais na busca da prática da responsabilidade social corporativa e de uma economia global mais sustentável e inclusiva.

O Pacto Global advoga 10 princípios derivados da Declaração Universal dos Direitos Humanos, da Declaração da OIT sobre Princípios e Direitos Fundamentais no Trabalho, da Declaração do Rio sobre Meio Ambiente e Desenvolvimento e da Convenção das Nações Unidas contra a Corrupção. São eles:

Princípios de Direitos Humanos
- respeitar e proteger os direitos humanos;
- impedir violações de direitos humanos.

Princípios de Direitos do Trabalho
- apoiar a liberdade de associação no trabalho;
- abolir o trabalho forçado;
- abolir o trabalho infantil;
- eliminar a discriminação no ambiente de trabalho.

Princípios de Proteção Ambiental
- apoiar uma abordagem preventiva aos desafios ambientais;
- promover a responsabilidade ambiental;
- encorajar tecnologias que não agridam o meio ambiente.

Princípio contra a Corrupção
- combater a corrupção em todas as suas formas, inclusive extorsão e propina.

AS PEQUENAS INICIATIVAS

Ao analisarmos todas as ações descritas anteriormente, podemos nos equivocar e concluir que a sustentabilidade é atribuição de governos e suas políticas públicas, enquanto a responsabilidade social aplica-se exclusivamente a empresas.

Entretanto, o fato é que os mesmos princípios devem atingir culturalmente também os cidadãos, mediante um processo de conscientização e reflexão que ganhe difusão em toda a sociedade, bem como encontre guarida no meio educacional, a fim de promover uma nova mentalidade nas próximas gerações de que pequenas iniciativas são as sementes para grandes resultados, ou seja, ações individuais e pontuais são o melhor caminho para legarmos nossa contribuição a um mundo melhor.

Do ponto de vista da sustentabilidade, precisamos economizar água, por exemplo, dado que ⅓ da população mundial carece de acesso à água potável hoje e estima-se que esse número aumentará para ⅔ em 2025. Reduzir o tempo de banho, fechar a torneira ao escovar os dentes ou fazer a barba, evitar o uso de esguichos e reparar vazamentos na tubulação de água são algumas das ações possíveis.

Outra iniciativa é o uso racional de energia, priorizando fontes limpas, como a energia solar. Apagar as luzes ao deixar um ambiente, substituir lâmpadas incandescentes por fluorescente, adquirir equipamentos com maior eficiência energética, reduzir o uso de aparelhos de ar condicionado e aproveitar a iluminação natural constituem exemplos de medidas econômicas.

Reduzir a emissão de gases de efeito estufa, em especial o gás carbônico emitido pela queima de combustíveis fósseis, é uma das maiores demandas do momento em virtude do foco no aquecimento global. Usar a bicicleta para pequenos deslocamentos, incentivar a carona, manter pneus calibrados e motor regulado representam boas contribuições nesse quesito.

Ao lado de todos esses expedientes, há muitos outros, como combater o desperdício e praticar o consumo consciente; adquirir produtos de madeira somente se certificados; recusar sacolas plásticas e reciclar o lixo; combater e denunciar a caça de animais silvestres etc. Faça sua lista, estabeleça suas metas e compartilhe com seus parentes e amigos.

Já pelo ponto de vista da responsabilidade social, além de observarmos os princípios do Pacto Global, é imprescindível desenvolvermos uma cultura pela diversidade.

DIVERSIDADE

Os brasileiros costumam proclamar que não são preconceituosos, o que seria plausível para uma nação altamente miscigenada. Todavia, o que encontramos estatisticamente são restrições ao desenvolvimento profissional dos negros, que, além de terem menos oportunidades para ascensão em relação aos brancos, ainda percebem uma renda inferior mesmo quando ocupam cargos de igual hierarquia. Fenômeno semelhante se observa com as mulheres em relação aos homens.

Romper com esse estigma é tarefa de todos nós, incentivando e promovendo a igualdade de condições e oportunidades, rechaçando e denunciando práticas segregacionistas.

Um cuidado especial precisa ser empreendido às pessoas com deficiência. Segundo dados divulgados no ano 2000 pelo Instituto Brasileiro de Geografia e Estatística (IBGE), nosso país apresentava cerca de 25 milhões de pessoas com deficiência física, visual, auditiva, mental ou múltipla. Desse contingente, 9 milhões estavam em idade laborativa, porém apenas 1 milhão exercia alguma atividade remunerada.

O que denomino cultura pela diversidade é um processo de conscientização da nossa sociedade para incluir essas pessoas na vida profissional e social. Isso significa elaborar projetos arquitetônicos que contemplem plena acessibilidade. Adaptar os ambientes corporativos – fábricas, escritórios, mobiliários, corredores de passagem, sanitários – para pessoas com deficiência. Disponibilizar equipamentos para leitura em braile e com recursos sonoros. Preparar escolas e professores para receberem essas pessoas, tão especiais quanto qualquer um de nós.

No mundo corporativo, a inclusão deve ir além da contratação, hoje em expansão devido à chamada Lei de Cotas. É necessário capacitar os profissionais, possibilitando-lhes o desenvolvimento de um plano de carreira.

Individualmente, podemos trabalhar no combate à indiferença, o mal maior que afronta as pessoas com deficiência, bem como estudar e descobrir melhor as necessidades dessa população, aprendendo a lidar com suas limitações. É necessário respeitar espaços públicos reservados e orientar pessoas que inadvertidamente violem essas condições, além de exigir dos governantes que suas políticas públicas considerem as demandas dessa fatia da população, permitindo-lhes exercer com plenitude o direito à cidadania.

> *O deficiente não quer ser aceito, ele quer ser convidado.*
> João Ribas

COMEÇANDO PELO QUINTAL

A responsabilidade social não pode ser confundida com filantropia e assistencialismo. A primeira é o exercício da caridade. A segunda representa ações pontuais que geram dependência por parte do beneficiado, uma vez que não lhe são oferecidas condições para que as desenvolvam de maneira autossustentável.

A retórica do Terceiro Setor tem nos tornado assistencialistas. Do sofá de nossa casa, assistimos na TV à grande festa dos artistas em favor do Teleton ou do Criança Esperança. Pegamos o telefone, discamos alguns números, fazemos uma doação pecuniária que será debitada de nossa conta telefônica e, com isso, amainamos o sentimento de culpa. Praticamos essa catarse e voltamos ao nosso copo de uísque. Sentimo-nos cidadãos no exercício da cidadania. Praticamos indulgência moral.

Outros se encastelam em escritórios, reúnem-se em grupos e resolvem constituir uma entidade sem fins lucrativos, empreendendo uma busca caça-níqueis incessante em defesa de um grupo ou um interesse específico.

Muitas dessas entidades têm caráter relevante. Outras simplesmente não têm caráter. Algumas têm estatuto, princípios, objetivos e metas. Outras se omitem ao término da primeira ação porque aquela coleta de algumas centenas de quilos de alimentos não perecíveis será suficiente para justificar o *mea culpa* por longos e longos meses.

Vários entusiastas assumem papéis típicos dos grandes mártires – geniais e utópicos, que se acreditam capazes de mobilizar e mudar o mundo. Bradam contra a globalização, contra o imperialismo norte-americano, contra o capital especulativo internacional, como se fosse possível ignorar tais fatos e negá-los.

Então, brigam entre si, em uma autofagia presunçosa, como se faltassem miseráveis para serem assistidos. Não conseguem convergir seus interesses tão comuns porque estão muito preocupados em saber quem será homenageado na entrega do "Prêmio Blá-Blá-Blá".

Enquanto isso, há aqueles que executam uma revolução silenciosa, com a nobreza de visão de enxergar em escala reduzida. Pessoas que antes de reclamar da sujeira exposta nas ruas resolvem varrer a calçada e o meio-fio em frente à própria residência. Pais que orientam os filhos sobre o perigo e a insanidade das drogas antes de clamarem por ações incisivas por parte da segurança pública. Profissionais que destinam uma hora semanal de suas agendas para colocar um nariz de palhaço e fazer uma criança com leucemia sorrir ou que palestram para jovens em uma escola pública para levar-lhes a esperança. Empreendedores que capacitam seus próprios empregados, que visitam suas residências e avaliam as condições em que moram. Pessoas que doam sangue, visitam creches ou asilos e participam de campanhas para arrecadação de agasalhos ou alimentos, compreendendo que o menor ato é sempre grandioso.

Por isso, podemos – e devemos –, de posse de nosso patrimônio cultural, semear a prática da solidariedade, como uma atividade cotidiana, inserida em nossas agendas. Não necessitamos esperar a chegada do Natal para nos preocuparmos com a questão da fome. Não precisamos aguardar o advento do inverno para nos sensibilizarmos com o problema do frio. Atitudes admiráveis, honrosas, estão ao nosso alcance agora. Basta cultivarmos e disseminarmos certos comportamentos como profissão de fé.

Ao contrário do que se apregoa, não vivemos em um mundo de escassez, mas de abundância. O que existe é suficiente para todos nós, e o ganho de uma pessoa não precisa ser a perda de outra. Por isso, livre-se dos excessos. Doe o que não lhe apresenta mais utilidade – roupas, calçados, livros, brinquedos. E doe seu tempo, ainda que só uma fração dele, em favor de sua comunidade, no uso de seus melhores atributos, de seu ofício. Leia para um idoso, brinque com uma criança, converse com um enfermo. Pinte uma parede de escola, conserte um portão de um posto de saúde. E, acima de tudo, compartilhe seu conhecimento.

Não é preciso ir longe. Comece pelo seu bairro, pela sua rua, pelo seu condomínio ou mesmo pelo seu quintal. Começar já é metade de toda a ação. Difundir a prática, a outra metade.

> *Para a nossa avareza, o muito é pouco.*
> *Para a nossa necessidade, o pouco é muito.*
> Sêneca

GENTE DO BEM

Em sua caminhada pavimentada por boas práticas, você descobrirá que não está sozinho, mas, sim, cercado por pessoas que comungam de propósitos semelhantes. Outro dia, tive alguns exemplos que me fizeram acreditar nisso.

Em meio ao trânsito desordenado, um motorista gentilmente cedeu-me passagem. Em visita a um ex-professor na faculdade, ele percorreu com prazer toda a instituição, mostrando-me a evolução da infraestrutura local e as melhorias implementadas na qualidade do ensino. Apresentei um cliente a um gerente de banco que, de imediato, tomou providências no sentido de atender às suas necessidades. Recebi um breve telefonema de um amigo com quem não falava há tempos apenas para mandar lembranças.

Cenas aparentemente triviais, talvez até desprovidas de motivação para serem memorizadas; porém, capazes de colorir com satisfação e gratidão um dia como outro qualquer. Dizem que Deus está nos detalhes, nós é que não percebemos...

Como tudo na vida, estamos sujeitos a situações opostas àquelas que acabo de relatar. De um motorista que quase provoca um acidente para evitar ser ultrapassado a profissionais de atendimento ao público que prestam um verdadeiro desserviço pela falta de atenção e empatia. Quem já não perdeu o humor pela ausência de um cumprimento matinal de um familiar, por um comentário depreciativo ou jocoso de um colega de trabalho, por uma reprimenda pública e desmesurada?

Quando pequenos, somos ensinados a fazer o bem. Isso pode ser traduzido por praticar uma "boa ação" diária, algo como ajudar um idoso a atravessar a rua – essa é uma imagem emblemática para mim. Fazer o bem em escala maior é missão para super-heróis dotados de superpoderes, aptos a salvar toda a humanidade, promovendo a justiça e combatendo o mal.

Nossas pernas crescem e nossa imaginação encurta. Então, descobrimos que não há super-heróis, não há superpoderes, a humanidade não pode ser salva, a justiça é utópica e o mal viceja. Por isso, desistimos de ajudar os idosos a atravessarem a rua e deixamos de pronunciar palavras de agradecimento, apoio e conforto àqueles que nos cercam. Assim, paramos de praticar o bem e perdemos a capacidade de enxergá-lo.

A vida, tomada racionalmente, não é fácil para a maioria das pessoas. Quando se tem saúde, não se tem trabalho. Quando se tem trabalho, não se ganha o suficiente. Quando se ganha o suficiente, não se tem reconhecimento. Quando se tem reconhecimento, não se tem paixão. Quando se tem paixão, não se encontra o amor. Quando se encontra o amor, falta a saúde...

Cada um de nós tem uma missão a cumprir. E cada missão vem embalada em um fardo que nem é grande, nem pequeno, mas na medida exata do que podemos suportar. Uns têm fardos maiores que outros. Alguns enfrentam adversidades mais contundentes. No entanto, todos têm limitações.

Se os super-heróis do bem nos parecem tão figurativos, as personagens do mal materializam-se, ganhando carne e osso e uma habilidade ímpar de nos assediar. É nesse momento que devemos buscar o que temos de melhor, não com base na sorte ou em fatores externos, mas em nossa força interior, assim como direcionar esse potencial para o caminho do bem.

Fazer o bem faz bem. O bem despretensioso, genuíno, sem paga. É caminhada que não desgasta os sapatos, subida que não cansa. É fonte de prazer e de alegria.

> *Não te deixes vencer do mal,*
> *mas vence o mal com o bem.*
> Romanos, 12:21

MOÇO, LEVA EU...

Quando comecei a ministrar aulas em MBA, busquei uma forma diferenciada de avaliação. E a alternativa às tradicionais provas formadas por testes e questões discursivas foi a realização de um trabalho coletivo, por meio do qual fosse possível exercitar competências como iniciativa, comprometimento, determinação, criatividade, resiliência e liderança.

Tão logo inicio um curso, realizo uma breve pesquisa com os matriculados a fim de melhor conhecê-los, moldando e ajustando o conteúdo da disciplina. E, recorrentemente, tenho observado que a prática de ações de caráter social é rara, embora esteja entre os planos da maioria dos estudantes.

Dessa maneira, surgiu a ideia de transformar a atividade em grupo em uma grande ação comunitária. Uma forma de aplicar conhecimento e gerar integração entre os próprios alunos – bem como entre a academia e a sociedade. Nesse contexto, as tarefas consistiam em selecionar instituições assistenciais carentes, visitá-las, identificar suas necessidades, arrecadar doações e organizar um evento para a entrega dos produtos coletados.

A metodologia foi tão bem-sucedida que transpôs os muros da universidade, tornando-se uma ONG, chamada Projeto Viva, da qual tenho o prazer de participar. Coordenada por ex-alunos, em especial as admiráveis Carla Sakai e Eunice Kato, permanece levando guarida aos menos favorecidos, hoje com o nobre apoio do Rotary.

Uma de minhas últimas turmas fez escolhas diversificadas, atendendo a um grupo de gestantes, uma casa para crianças com câncer e um lar para idosos. E, em que pese a emoção inerente a cada um desses ambientes, foi no evento destinado aos idosos que pude vivenciar uma experiência marcante.

As atividades naquele dia encerraram-se após a realização de um animado bingo. Quando nos despedíamos dos velhinhos, uma das senhoras, assentada em sua cadeira de rodas, disse-me com voz cansada: "Moço, leva eu...".

A frase foi repetida um par de vezes. Até hoje me pergunto o que de fato ela pretendia dizer. Poderia significar o desejo de partida, a procura de um novo lar, a busca pelo reencontro do passado. Poderia simbolizar a exaustão ou até insignificância de sua relação com o companheiro atual, o distanciamento daquele ambiente já não mais tão acolhedor, o desejo de alargar suas fronteiras. Poderia ser tudo isso, um sussurro como grito mais alto de socorro, lágrima seca que não se vê ou percebe. Também poderia ser apenas uma frase de efeito, repetida como de costume a visitantes inesperados.

Ao relatar esse episódio, passei a questionar-me como reproduzir em poucas linhas a intensidade daquele momento e a amplitude de minha inquietação. Escrever, por vezes, é missão árdua, porque as palavras podem parecer frias ou cálidas, tudo em razão de um verbo sem o movimento adequado, um adjetivo sem a plasticidade esperada, um advérbio sem a circunstância prevista.

Assim, pensei em reproduzir a frase finalizada por um ponto de interrogação. Contudo, aquela senhora nada me inquiriu. Passei ao ponto de exclamação. Porém, lembrei-me de que ela não fora imperativa. Foi quando fiquei com as reticências, esses três pontinhos que parecem suplicar pela manutenção do pensamento, como se estivesse nos convidando a refletir, sonhar, duvidar, nunca concluir.

Aquela frase continua latente em minha memória, trazendo-me, além da recordação daquele instante, o alerta para digressões maiores sobre onde estou e para onde vou. Ou para onde me levo ou me deixo conduzir. Com reticências...

As lágrimas dos velhos são tão terríveis como as das crianças são naturais.
Honoré de Balzac

A ESPIRAL DA ÉTICA

Nossa impotência diante da escalada da intolerância leva-nos a recorrer às leis, contratos firmados entre os homens para regular a convivência em sociedade. Passamos a defender a pena de morte, um maior rigor na aplicação das normas, a antecipação da maioridade penal. Buscamos proteção e nem sequer percebemos que pouco contribuímos para alcançá-la.

Todo jovem, em algum momento de sua vida, nutre a utopia de construir uma sociedade mais justa, na qual as desigualdades sejam abrandadas. Ele sabe de sua força e da importância de suas ações para obter esse feito. Contudo, a idade adulta nos visita, e passamos a acreditar que uma atitude pontual é insuficiente para surtir efeito. Aqui reside a grande quebra de paradigma. São as pequenas ações individuais, tomadas coletiva e sucessivamente, a gênese da transformação, tal qual ilustrado no tópico sobre consciência ambiental.

A esse processo contínuo e envolvente denominei "Espiral da Ética". A imagem da espiral remete a algo flexível e em constante movimento ascendente – para quem a enxerga positivamente. E a ética invoca os preceitos morais que habitam com naturalidade nosso íntimo.

Alimentamos essa Espiral da Ética por meio de nossos comportamentos e atitudes. Obedecendo aos limites de velocidade, e não trafegando pelo acostamento. Priorizando pedestres e dando passagem a outro veículo. Respeitando vagas e assentos reservados aos idosos e deficientes físicos. Aguardando o desembarque das pessoas de um elevador e segurando a porta para que outras entrem antes de você. Evitando estacionar o carrinho de compras no meio de um corredor no supermercado, impedindo a passagem das demais pessoas. Ouvindo com atenção seu interlocutor em um debate, em vez de preocupar-se em expor suas opiniões. Poderíamos desfilar ainda muitos outros exemplos. Você poderá fazer sua própria lista e começar a colocá-la em prática imediatamente. Singelas ações que podemos chamar de "pílulas de gentileza". Consulte várias sugestões oferecidas pelos leitores desta obra, deixando também a sua contribuição, em www.setevidas.com.br.

Tratam-se de pequenas drágeas encapsuladas na mente e sorvidas pelo coração. O princípio ativo é dado pelo amor, com elevada concentração de generosidade e benevolência. A posologia recomenda administrar uma autêntica overdose diária. Os efeitos colaterais são variados e os estudos a esse respeito não foram concluídos. Sabe-se que, no curto prazo, foram observadas a ocorrência de brilho no olhar, redução da angústia e da ansiedade, surtos constantes de entusiasmo e alegria. E no longo prazo, a expectativa de um lugar melhor para se viver.

Loren Eiseley foi um antropólogo, arqueólogo e escritor norte-americano, notado por seus escritos acerca da teoria evolucionista do homem. Em um de seus escritos, magnificamente retratado em um breve filme intitulado *A história do jogador de estrelas*, fragmento de obra de Joel Barker, distribuído no Brasil pela Siamar, ele relata que um poeta caminha pela praia quando encontra um jovem arremessando estrelas-do-mar de volta ao oceano, para salvá-las da maré baixa e do forte sol que se avizinham. O homem se aproxima e interpela o rapaz, dizendo-lhe que sua atitude é inútil diante da imensidão da costa marítima que acometerá fatalmente a maioria daqueles seres. Portanto, seria impossível que sua ação isolada pudesse fazer alguma diferença. O jovem ouve com atenção seu argumento, inclina-se em direção à areia, recolhe outra estrela-do-mar e a atira longe da rebentação. Então, aproxima-se do homem e lhe diz: "Fez diferença para aquela".

Estou certo de que, mediante práticas mais nobres e menos superficiais, você encontrará sua estrela-do-mar. E, com ela, sua essência, a paz e a calma que tanto merece. Ao fazer isso por você, estará fazendo também por mim. E por todos nós.

> *Não é o cérebro que importa mais, mas, sim, o que o orienta: o caráter, o coração, a generosidade, as ideias.*
> Dostoiévski

VIDA ASSOCIATIVA

Uma das melhores maneiras de exercitar a sociabilidade é por meio da vida associativa. Assim, você pode participar de uma associação de bairro, de um clube esportivo, de um grupo de orações, de uma entidade sindical.

No entanto, o bom proveito ocorre quando a atuação é efetiva, ou seja, não se limita à mera formalização da associação por meio de uma ficha de inscrição e a obtenção de uma carteirinha ou crachá. Integrar-se à gestão é, inclusive, praticar a cidadania.

Muitas foram as entidades das quais participei. Entre 1996 e 1999, fui secretário-geral da Comissão Especial de Estudos coordenada pelo Instituto da Qualidade do Brinquedo (IQB), que, em parceria com o Inmetro, levou à publicação da NBR-14350 (segurança em brinquedos de playground). Entre 1998 e 2004, fui diretor do Sindicato das Indústrias de Brinquedos e Instrumentos Musicais do Estado de São Paulo (Simb).

Entre 2006 e 2009, a convite de minha amiga Solange Matilde, integrei o Comitê de Ética em Pesquisa (CEP) do Instituto Arnaldo Vieira de Carvalho, vinculado à Santa Casa de Misericórdia de São Paulo.

De 2007 a 2009, ocupei o cargo de vice-presidente de Negócios da Associação Paulista de Gestores de Pessoas (AAPSA), atendendo ao convite dos amigos Nilson Velozo e Fabio Cruz.

E desde 2000 participo do Núcleo de Jovens Empreendedores (NJE), do sistema Fiesp/Ciesp, ocupando o cargo de diretor adjunto em São Paulo e diretor titular em Cotia, onde pude fazer amizades incríveis, com destaque para Horacio Lafer Piva, grande gestor e líder inspirador.

Esse relato tem por objetivo sensibilizá-lo para a importância da vida associativa. Por meio dela, você conquista novos amigos, expande seus conhecimentos, pratica a cidadania, exercita a liderança e atua como agente transformador da sociedade. Adicionalmente, aprende que, por mais restrita que seja sua agenda, é sempre possível conciliar seu tempo com atividades que não geram ganhos financeiros, mas que plantam sementes para a posteridade.

Quando dizemos que o homem é responsável por si próprio, não queremos dizer que o homem é responsável pela sua restrita individualidade, mas que é responsável por todos os homens.
Jean-Paul Sartre

FAZENDO ACONTECER COM POUCO DINHEIRO

A participação em entidades e associações pode, eventualmente, demandar sua inscrição formal, como pessoa física ou jurídica, acarretando um custo financeiro periódico. Porém, muitas são as oportunidades que prescindem disso.

Em verdade, é mais raro do que imaginamos encontrar pessoas comprometidas com uma causa, qualquer que seja. Muitos começam a participar de uma entidade com o intuito de rechear o currículo, ganhar um crachá ou um cartão de visitas. Por isso, sempre há espaço para alguém com vontade e dedicação.

Essas possibilidades estão ao seu redor, em sindicatos de trabalhadores ou patronais, escritórios políticos, ONGs, federações, associações classistas, subprefeituras, entre outros. Aliás, a lição pode começar em sua escola, nos grêmios, centros acadêmicos ou empresas juniores, e continuar em sua comunidade, no conselho de seu condomínio ou na associação de amigos de seu bairro.

Para fazer acontecer, basta querer!

Vida 6
Bens e Finanças

*Gostaria de viver como um homem pobre,
porém com muito dinheiro.*
Pablo Picasso

Evidentemente, a vida material existe. E muitos que escrevem e falam sobre comportamento parecem negligenciar esse aspecto, esquecendo-se de que vivemos em uma sociedade de consumo, o que acaba por reduzir a credibilidade de suas argumentações. A maioria de nós associa a felicidade ao bem-estar, este ao conforto, e este último, por sua vez, à posse de bens materiais. Guardadas as devidas proporções, nada há de errado em se almejar morar bem, ter um belo carro, roupas de fino corte, mesa farta. A incorreção está em privilegiar a sexta vida em detrimento de todas as demais, buscando a acumulação de riqueza como um fim em si mesmo.

*Há pessoas que têm dinheiro e pessoas que são ricas;
e nem sempre são as mesmas.*
Coco Chanel

AMBIÇÃO E GANÂNCIA

Os males que nos afligem decorrem de nossa natureza egoísta. Não basta sermos ambiciosos. Precisamos cultivar a ganância. Queremos sempre mais. Mais bens, mais exposição, mais coisas quantificáveis, palpáveis, que possam ornamentar uma parede ou serem vistas sobre um móvel de mármore. E, em contrapartida, temos menos carinho, companhia, afeto. Beijamos pouco e abraçamos menos ainda.

A ambição é positiva. Ela nos desperta desejos, promove o comprometimento, estimula a perseverança. Torna-nos mais fortes e nos faz buscar a superação. Pela ambição, conquistamos mais posses e mais poder. Sentimo-nos mais ricos, mais bonitos e até mais livres. O que a estraga é a ganância.

Como tudo na vida que desgarra da ponderação do equilíbrio, a ambição desmedida evolui para a ganância. Nesse estágio, o desejo vira cupidez; o comprometimento, obsessão; a perseverança, teimosia. Possessões denotam opulência, e o poder, prepotência. A liberdade se esvai e renasce como fênix, porém enjaulada.

Trata-se, portanto, de uma questão de medida, de intensidade.

O PIOR DOS PECADOS

Os chamados "pecados capitais" acometem cada um de nós. Não são admiráveis, pois, se assim o fossem, seriam chamados de "virtudes capitais". Derivados do latim *caput*, nascem e são nutridos por nós, em nossas cabeças. Somos os líderes e chefes de nossos vícios e caprichos.

Gula, avareza, inveja, ira, luxúria, preguiça e soberba. A cada um dos pecados há outros comportamentos associados. Exemplificando, a avareza traz consigo a cobiça, o engano, a fraude e a traição. Já a ira é acompanhada pela raiva, pelo ódio e pela vingança. A preguiça, por sua vez, alimenta o desânimo, a indolência, a negligência e a procrastinação. A luxúria remete-nos à libertinagem, à lascívia e à corrupção. E a soberba, à vanglória, ou seja, a vã glória, ao orgulho e à vaidade.

São Tomás de Aquino pontuou, em meados do século XIII, que a soberba é um pecado de tamanha magnitude que pode ser considerado um "megacapital". Esse conceito foi muito bem ilustrado no filme *O advogado do diabo*, quando o personagem de Al Pacino, representando Lúcifer, sentencia: "A vaidade é meu pecado predileto".

O poder e o dinheiro são matérias-primas generosas com a vaidade. Observe o que acontece com a maioria das pessoas que recebem uma promoção ou que são premiadas pelo cumprimento de metas, suplantando outros colegas de trabalho. Há também quem ganhe títulos, seja pela conclusão de um curso de especialização, seja pela outorga espontânea. Em qualquer um dos casos, subir na hierarquia geralmente faz o poder subir à cabeça...

Com o dinheiro, as consequências são ainda piores, porque ele não muda as pessoas, apenas as desmascara. As conquistas materiais alteram sobremaneira o comportamento das pessoas. Os carros em que circulam mostram-se desejáveis, as roupas que vestem apresentam tecidos esplêndidos, os vinhos que degustam passam a custar o que outrora fora o orçamento de todo um mês. Mudam os hábitos, as companhias, a postura e a expressão no olhar.

A vaidade é de forma indubitável o pior dos pecados. Onde não há vaidade, não há gula, porque o alimento é visto como sustento, e não como objeto inanimado dos desejos. Sem vaidade, a avareza perde sua razão de ser, levando consigo a inveja, pois não há porque malograr a felicidade alheia. À ausência da vaidade segue a da ira, porque os julgamentos tornam-se lúcidos e as imperfeições de outrem, similares às nossas, visto que inerentes ao ser. Quando a vaidade não viceja, a luxúria descobre-se supérflua e desnecessária. Sem vaidade, não há preguiça, pois inexiste o orgulho por nada fazer para ganhar a vida.

Por onde a vaidade transita, a humildade, a modéstia e a serenidade se despedem. Perdemos nossa identidade, esquecemos propositadamente quem somos e de onde viemos. Ignoramos nossas próprias origens e até passamos a acobertá-las, desgraçadamente envergonhados que nos sentimos.

Devemos cuidar para que a arrogância não se estampe em nosso caminhar, que a presunção não seja registrada em nossas palavras e, fundamentalmente, que a incoerência entre o que pensamos, dizemos e fazemos não se torne nossa reputação e caráter.

> *A pobreza de bens é facilmente curável.*
> *A pobreza da alma é irreparável.*
> Michel de Montaigne

A JUSTA MEDIDA

O grande desafio está em encontrar a justa medida entre o que desejamos e o que precisamos.

Em verdade, restrições financeiras impõem rigorosos limites à liberdade das pessoas. Cerceiam, por exemplo, as possibilidades de deslocamento e de desenvolvimento cultural. Até mesmo as relações pessoais ficam comprometidas. Lembro-me de um ditado francês, segundo o qual, quando falta dinheiro, o amor sai pela janela...

Ainda assim, é sempre válido ressaltar que o mesmo dinheiro que compra o alimento não desperta o apetite; fornece medicamentos, mas não a saúde; proporciona a realização de grandes festas, mas não garante a amizade verdadeira daqueles que delas participam.

Por isso, ainda que poupar seja de extrema importância, erram aqueles que abdicam de viver com intensidade o hoje para acumular dinheiro. Transferem para o futuro a alegria que podem desfrutar no presente, como se jamais fossem morrer.

Há, também, a percepção equivocada do que é necessário. Muito decorre do interesse de conquistar *status* e sentir-se socialmente aceito – ou, ainda, de compulsão por comprar. Uma boa estratégia consiste em postergar a aquisição de qualquer bem por uma semana. Após esse prazo, pergunte-se com franqueza se ainda precisa daquele objeto.

Na busca por satisfazer suas conquistas materiais, lembre-se de traçar metas, tal qual demonstrado na vida profissional. Essa é a diferença entre desejar e realizar, entre querer e obter.

ONDE ESTÁ O DINHEIRO?

É possível que você já tenha passado pelo infortúnio de ver seu salário acabar antes de receber a parcela seguinte. Algumas contas ficam pendentes e você se questiona onde foi parar seu dinheiro, uma vez que tinha todo um planejamento estruturado.

Administrar finanças pessoais pouco difere de gerenciar o caixa de uma empresa ou de um país. Mudam apenas a proporção e a complexidade. Você precisa analisar dois conjuntos de contas: as receitas e as despesas.

Se você é assalariado, é fácil fechar as contas e saber a magnitude de suas receitas, lembrando-se sempre de considerar o valor líquido de impostos e descontos. Contudo, se você é empresário, consultor, profissional liberal, enfim, se exerce qualquer atividade com remuneração variável, talvez esteja diante de um problema ainda maior, em face da eventual sazonalidade de seus ganhos.

O lado das receitas é, em geral, meio engessado. O assalariado pode buscar uma elevação de sua renda fazendo horas extras, desde que com a anuência da empresa. É possível também realizar pequenos *jobs*, os chamados "bicos", isto é, trabalhos autônomos para terceiros, a fim de reforçar o caixa.

Já o profissional com remuneração variável, ao mesmo tempo em que não dispõe da segurança proporcionada por um salário no final do mês, tem à sua disposição a possibilidade de, fazendo uso de sua habilidade e criatividade, gerar novos negócios, buscar novos clientes, aumentar seus ganhos.

No entanto, é no campo das despesas que esse jogo acontece. E o segredo consiste em reconhecer todos os gastos possíveis a que estamos sujeitos, dividindo-os em categorias, conforme demonstrado a seguir:
1. **Grupo da alimentação** – supermercado, feira livre ou sacolão, açougue, padaria, restaurantes, lanchonetes, churrascarias, pizzarias, cafés e afins.
2. **Grupo da saúde** – assistência médica (convênio ou seguro saúde), assistência odontológica, médico especialista (psicólogo, terapeuta, fonoaudiólogo etc.), exames e cirurgias, medicamentos, academia.

3. **Grupo da habitação** – prestação da casa ou aluguel, IPTU, seguro residencial, sistema de segurança, condomínio, água, energia elétrica, gás encanado ou de cozinha, telefone fixo, jardineiro, piscineiro, babá, empregada doméstica, móveis e eletrodomésticos, artigos de cama, mesa e banho, manutenção da casa.
4. **Grupo da educação** – escola e/ou faculdade (própria e/ou dos filhos), transporte escolar, material didático, aulas particulares, atividades extracurriculares (judô, balé, computação etc.), cursos de idiomas, cursos de extensão, seminários, congressos, palestras, livros.
5. **Grupo da cultura e do lazer** – cinema, teatro, museus, bares, shows, clubes, assinatura de jornais e revistas, TV por assinatura, videolocadora, CDs, DVDs, jogos, provedor de acesso à internet, passeios e recreação, festas (aniversários, casamento etc.), viagens (passagens, hotéis, entre outros).
6. **Grupo do transporte** – prestação do carro ou aluguel, IPVA, seguro obrigatório, seguro do veículo, combustível, lavagem, multas, transporte coletivo (ônibus, metrô, trem, fretado), táxi, estacionamento pago, pedágio, manutenção do carro.
7. **Grupo das despesas financeiras** – tarifas bancárias, juros do cheque especial, juros do cartão de crédito, multas por atraso no pagamento, juros de empréstimos, juros embutidos em financiamentos.
8. **Grupo das despesas diversas** – produtos de limpeza, artigos de higiene pessoal, produtos e tratamentos estéticos (salão, cabeleireiro, cosméticos etc.), vestuário, acessórios, telefone celular, pensão alimentícia, mesada, empregada doméstica, fumo, bebida, apostas em loterias, gorjetas, doações, presentes, animais de estimação.
9. **Grupo da poupança preventiva** – previdência privada, seguro-educação, seguro de vida, consórcio, fundo de reserva.

Ainda que algumas contas não tenham sido contempladas na listagem apresentada, os itens relacionados já são suficientes para demonstrar como nos enganamos na administração de nossas despesas pessoais. Isso acontece porque estamos habituados a considerar somente os gastos mais próximos e palpáveis, negligenciando aqueles que devem ser provisionados, ou seja, previstos porque poderão ocorrer. Isso acontece, por exemplo, com medicamentos, multas de trânsito e todo tipo de manutenção.

Note que o último grupo, da poupança preventiva, deve ser tratado como um grupo de despesa, embora apresente contas relacionadas a investimento. O propósito é romper um paradigma e considerar seguro e previdência como valores obrigatórios a serem contemplados no planejamento, objetivando garantir um respaldo mínimo diante de eventuais vicissitudes futuras.

De todas as contas apresentadas, uma muito perniciosa merece atenção: as despesas financeiras. Isso porque desde o fim da chamada inflação inercial (aquela de 30% ao mês que chegou ao extremo de 3% ao dia nos idos dos anos 1980) os bancos passaram a cobrar por todo e qualquer serviço prestado. Não é por acaso que hoje as tarifas bancárias são suficientes para pagar, com folga, toda a folha de salários da maioria dos bancos que atuam no Brasil.

Segundo a Pesquisa de Orçamentos Familiares (POF) 2008-2009, realizada pelo IBGE, 68,45% das famílias brasileiras gastam mais do que ganham todos os meses, comprometendo a produtividade, o desempenho, os relacionamentos interpessoais e até mesmo os índices de acidentes no trabalho.

Diante desse contexto, algumas sugestões mostram-se pertinentes:

a) **Monte sua planilha de despesas de acordo com sua realidade.** Você poderá concluir, por exemplo, não ser este o momento adequado para adquirir um carro ou trocar o modelo atual.

b) **Analise quais gastos podem ser eliminados, substituídos ou reduzidos.** Sempre com os olhos voltados para sua receita, você descobrirá que certos serviços precisam ser eliminados de sua cesta, talvez reduzindo seu padrão de vida atual.

Isso pode simbolizar o cancelamento da TV por assinatura, uma visita a menos por mês a um restaurante ou o uso mais regrado do telefone celular.

c) **Evite comprar por impulso ou por meio de financiamento com juros.** Opte por comprar à vista, sempre que possível. Procure barganhar descontos ou, no máximo, parcelar o valor oferecido à vista em parcelas sem juros.

d) **Ataque de frente e sem piedade suas despesas financeiras.** Saia do crédito rotativo do cartão de crédito. Cancele-o e busque um juizado de pequenas causas para efetuar o pagamento do saldo devedor sem a incidência atroz de juros, que chegam a ultrapassar a marca de 15% ao mês. Tenha a mesma atitude em relação ao seu cheque especial, negociando seu parcelamento com taxas reduzidas.

Em suma, tome as rédeas de sua vida financeira e tenha na disciplina sua maior aliada.

> *Dinheiro é como amizade:*
> *mais fácil de conseguir do que de manter.*
> Samuel Butler

ESPECIAL É SEU BOLSO, NÃO O CHEQUE!

Crédito de cheque especial lembra visita de parentes distantes. Eles chegam quase sem avisar para um único final de semana. Como bom anfitrião, você os recebe e os acolhe. Então, eles vão ficando, testando sua hospitalidade, invadindo sua privacidade e desafiando sua paciência.

Quando abrimos uma conta-corrente em um banco, somos impingidos a contratar o "produto cheque especial". De fato, essa é só uma das metas impostas pela área comercial dos bancos aos gerentes de atendimento.

Solícito, você assina o contrato – em branco, como a maioria dos documentos assinados nas instituições financeiras –, permitindo a implantação de um limite de crédito. Sem perceber, você acaba de autorizar a instituição a lhe cobrar tarifas periódicas para manutenção desse cheque especial.

No entanto, o problema surge quando você começa a utilizar, por necessidade ou impulso, o crédito que lhe foi concedido, E, quando percebe, está tomando o limite integralmente, como se fosse parte de seu patrimônio, de sua renda. A partir desse momento você incorpora à sua planilha de gastos mensais uma despesa com os juros.

As taxas de juros no cheque especial chegam a atingir o despropósito de até 15% ao mês, o equivalente a 435% ao ano, ou seja, um garrote financeiro quando comparado à inflação, à Selic (a taxa básica de juros da economia) e ao rendimento da caderneta de poupança.

Se você é correntista de algum banco, com certeza tem o cheque especial como convidado de suas finanças pessoais. Nesse caso, é provável que esteja enquadrado em uma das situações ilustradas a seguir.

a) Você não utiliza o cheque especial

Neste caso, sua única providência deve ser negociar com o gerente o estorno das tarifas de manutenção do cheque especial cobradas periodicamente ou já embutidas no "pacote de tarifas", que é levado a débito em sua conta todos os meses. Aproveite-se de seu poder de barganha para obter, inclusive, a isenção da cobrança desse pacote de tarifas sob pena de solicitar o cancelamento do cheque especial ou o encerramento de sua conta, com a transferência de seus negócios para o banco concorrente.

b) Você utiliza o cheque especial e está com ele sob controle

Nesta situação, o produto tem utilidade para você. Seu objetivo deve ser reduzir a taxa de juros cobrada. Saiba que a maioria dos bancos trabalha com, no mínimo, três patamares de taxas de juros: teto, intermediária e piso. Todos os correntistas são premiados automaticamente com a taxa mais elevada. Cabe ao gerente alterar manualmente a taxa cadastrada para um percentual inferior.

A regra de ouro consiste em negociar uma redução expressiva da taxa em troca da compra de outros produtos resgatáveis do banco, tais como títulos de capitalização ou planos de previdência privada. Fazendo isso, você estará convertendo um débito em investimento. Acompanhe o exemplo real a seguir.

Um cliente apresentava em determinado banco limite de R$ 5.000,00 à taxa de 8,90% ao mês. Em outras palavras, o desembolso mensal com juros, supondo utilização integral do limite, era da ordem de R$ 445,00.

Proposta feita ao banco: adquirir todo mês R$ 150,00 em títulos de capitalização mediante redução da taxa de juros para 3%. Os argumentos apresentados foram:

- o banco continua vendendo o produto cheque especial, com uma taxa de 3% ao mês (42,58% ao ano), muito acima da taxa Selic;
- o banco passa a ter outro produto, "título de capitalização", vendido mensalmente, em um sistema pré-programado;
- a compra do título de capitalização é uma garantia para o próprio banco, pois, supondo um resgate após 24 meses, já haverá R$ 3.600,00 brutos entesourados (guardados no banco), ou seja, 72% do risco do cheque especial.

Os argumentos apresentados foram suficientes para obter a redução desejada. O correntista, por sua vez, auferiu um ganho significativo. Considerando-se que o valor investido em capitalização será resgatado em apenas 80% (cerca de ⅕ do valor investido em títulos de capitalização compõe a chamada reserva matemática, destinada à premiação, administração e lucro), a economia obtida baseia-se no seguinte raciocínio:

Juros sobre limite utilizado de R$ 5.000,00 a 3% ao mês	R$ 150,00
Reserva matemática de 20%, não resgatável, sobre a capitalização de R$ 150,00	R$ 30,00
Custo total mensal	R$ 180,00

Em outras palavras, o dispêndio mensal caiu de R$ 445,00 para R$ 180,00, ou seja, uma redução de 60%!

c) Você utiliza o cheque especial e já perdeu o controle sobre ele
Esta é uma das situações mais recorrentes e que mais afeta psicologicamente as pessoas. Como se não bastasse a elevada taxa de juros, o correntista está sempre com seu saldo devedor acima do crédito aprovado. Além de correr o risco de ter cheques devolvidos, paga tarifa adicional por exceder a esse limite. Nessa condição, restam-lhe dois caminhos:

- cancelar o cheque especial, parcelando o saldo devedor. Como você está frágil dentro dessa negociação, terá que lutar muito para conseguir uma taxa razoável, na casa dos 3% mensais. Sobre a operação de crédito, poderá incidir, ainda, o Imposto sobre Operações Financeiras (IOF) e o Imposto sobre Operações de Crédito (IOC), dependendo da legislação vigente na ocasião, elevando o custo efetivo. Contudo, esse é um expediente mais adequado do que continuar na ciranda dos juros;

- acionar judicialmente o banco, questionando a legalidade dos juros cobrados, invocando a prática de anatocismo (capitalização de juros, ou seja, cobrança de juros sobre juros) pelo banco. Trata-se de um processo que pode levar anos para ser julgado. Dependendo do valor do débito, você poderá recorrer a um juizado de pequenas causas, dispensando a necessidade de contratação de um advogado para representá-lo. O risco ao longo desse processo é ter seu nome incluído nos órgãos de proteção ao crédito (SCPC, Serasa), o que pode ser evitado com obtenção de uma liminar.

Tal como aquele parente distante do início do texto, seja severo com o fantasma do cheque especial, pois especial deve ser você.

> *Você não fica rico com o que ganha;*
> *fica rico com o que poupa.*
> Yoshio Teresawa

A ARMADILHA DO CRÉDITO CONSIGNADO

O chamado crédito consignado é uma modalidade de empréstimo recente em nosso país. Consiste na autorização de débito na folha de pagamento (holerite) de profissionais empregados ou subtração dos benefícios a receber, no caso de aposentados, da prestação mensal decorrente de um empréstimo feito.

Como a instituição credora tem uma garantia real de recebimento, uma vez que o tomador terá o valor deduzido de seu salário ou aposentadoria, as taxas de juros praticadas são menores que as convencionais do mercado, como o Crédito Direto ao Consumidor (CDC).

Criado em 2003, o crédito consignado representa atualmente a modalidade de empréstimo pessoal mais pujante do País. Devido à sua facilidade de contratação e taxas menores aplicadas, poderia ser entendido como a melhor alternativa financeira possível. Contudo, vejo com preocupação essa tese.

A armadilha reside na falta de educação financeira. Fazer a antecipação de uma renda futura, seja para consumir no presente, seja para liquidar uma dívida de maior ônus, pode significar o comprometimento da estabilidade em um horizonte próximo.

Muitos são os casos de pessoas que entram no crédito consignado para quitar, por exemplo, o cheque especial. Porém, como não há um planejamento orçamentário adequado e a renda disponível passa a ser menor em virtude do desconto mensal da prestação do crédito consignado, imediatamente o ciclo de endividamento se reinicia.

A intranquilidade financeira gera conflitos no lar e no trabalho, problemas físicos e emocionais, queda de produtividade no trabalho e até risco de acidentes laborais. Por isso, enquanto não tivermos uma disciplina regular de educação financeira, caberá às empresas oferecerem aos seus colaboradores, antes do crédito consignado, aulas práticas sobre consumo consciente, noções de matemática financeira e instrução sobre orçamento doméstico.

> *Se você não conhece o valor do dinheiro,
> tente pedir algum emprestado.*
> Benjamin Franklin

REEDUCAÇÃO FINANCEIRA

No período compreendido entre 1986 e 1994, ou seja, em apenas 8 anos, o Brasil passou por 6 planos econômicos e 5 trocas de moedas. Foram tempos malucos, com variação diária dos preços, o que dificultava o planejamento de pessoas e empresas.

Nas companhias, o grande executivo era o diretor financeiro, que tinha a missão de zelar pela integridade monetária, procurando defender o patrimônio da empresa da depreciação diária proporcionada pela inflação. Eram os tempos do *overnight*, uma aplicação feita de um dia para o outro cujo rendimento era, muitas vezes, suficiente para honrar o pagamento de toda a folha de salários.

Do lado dos consumidores, foi um período de estímulo ao consumo imediato. Afinal, os salários eram corroídos em virtude de serem reajustados apenas mensalmente, enquanto os preços dos produtos eram majorados todos os dias.

O advento do Plano Real conduziu a economia brasileira a um cenário de estabilidade financeira há muito não visto. E um aspecto fundamental surgiu com a vertiginosa queda da inflação: a imprescindibilidade do planejamento.

No âmbito das corporações, foi uma fase de depuração, de verdadeira limpeza do sistema. Muitas empresas eram ineficientes, e seus resultados eram mascarados pelos ganhos financeiros obtidos no mercado de capitais. Lembro-me de ter participado de um processo seletivo para uma empresa alimentícia de grande porte, a qual pretendia criar um departamento de custos, até então inexistente. O objetivo era a formação de preço de venda a partir de critérios técnicos, pois eles desconheciam se os produtos comercializados davam lucro ou prejuízo!

Essa nova fase marcou também o renascimento de velhos hábitos vinculados ao ato de poupar, como o resgate dos cofrinhos, para guardar moedas.

O processo de reeducação financeira envolve quatro etapas. A primeira é representada pelo *conhecimento*, conforme relatado anteriormente, com distinção e clareza dos aspectos que envolvem receitas e despesas.

Em um segundo momento, entra o *planejamento*, realizado a partir do monitoramento e controle, em especial dos gastos. O objetivo é gerar superávits, mediante elevação das receitas, redução das despesas ou ambos.

Um terceiro aspecto é a *motivação* para poupar com vistas à realização de metas pessoais.

Por fim, um componente essencial: a *disciplina* para dar continuidade a um novo estilo de gestão das finanças pessoais.

COMO POUPAR?

Procurei até agora centrar o foco na administração financeira pelo prisma das despesas e do gerenciamento de dívidas por dois motivos. Primeiro, porque 3 em cada 4 brasileiros estão, em maior ou menor grau, endividados, conforme dados disponibilizados por instituições como Serasa, Fecomércio, SCPC e Telecheque.

Segundo, porque há bons autores abordando questões de caráter financeiro com olhos voltados à formação de riqueza a partir da poupança e do investimento, com destaque para meu amigo Gustavo Cerbasi, autor de *Casais inteligentes enriquecem juntos*, entre outras obras. É por isso que o foco de minha palestra "Educação financeira – Finanças pessoais em equilíbrio" está no combate às despesas e às dívidas.

Isso posto, é pertinente ressaltar que o processo de formação de poupança é tanto mais recomendado quanto antes for iniciado. E não se trata necessariamente de guardar grandes somas de recurso. Os juros compostos apresentam um comportamento exponencial, de modo que a menor economia possível é sempre bem-vinda.

No que tange ao ato de poupar, a melhor recomendação consiste em guardar todos os meses o equivalente a 10% da receita mensal líquida de impostos.

ONDE INVESTIR?

As possibilidades de investimento são variadas e se ampliam à medida que a massa de recursos disponível é maior. Além disso, há investimentos para pessoas com diferentes perfis, sejam elas conservadoras, moderadas ou arrojadas.

Chamamos de conservadores os investidores com grande aversão ao risco. Preferem modalidades de investimento que protejam o capital contra a inflação, como a caderneta de poupança e os fundos de renda fixa. Por essa característica de segurança, são aplicações que pagam juros módicos, muito próximos à inflação projetada, acrescidos de um pequeno ganho real.

No outro polo estão os arrojados, investidores dispostos a arriscar o capital com o intuito de auferir grandes ganhos. Aplicam em fundos de ações e derivativos, cientes de que podem duplicar o patrimônio de um momento para outro na mesma proporção em que podem despertar pela manhã e descobrir que suas economias viraram fumaça.

Por decorrência, os moderados jogam no time do meio, diversificando suas aplicações entre os diversos investimentos possíveis.

Agindo como investidor, você pode delegar a gestão de seus recursos ao gerente do banco ou a uma corretora. Esses profissionais se encarregarão de buscar as melhores oportunidades, cobrando uma taxa de administração em contrapartida. Porém, se você tiver interesse e tempo disponível para acompanhar os mercados, em especial o acionário, poderá ser seu próprio *broker*, ou seja, corretor.

Outro aspecto relevante a ser observado em relação a investimentos é a chamada liquidez. Esse termo é utilizado para designar a velocidade com que se consegue transformar um ativo qualquer em dinheiro em espécie. Portanto, uma aplicação financeira que pode ser resgatada a qualquer instante apresenta uma liquidez maior do que um carro, o qual pode levar dias para ser vendido. Analogamente, um veículo tem liquidez maior do que um imóvel, e assim por diante. Por isso, ao realizar uma aplicação financeira, considere sempre sua necessidade de liquidez futura. Isso será determinante na escolha de onde investir.

Muita atenção a respeito da incidência de tributação sobre as aplicações. A legislação muda com frequência, de acordo com os interesses de Brasília. Contudo, o fato é que há imposto de renda sobre aplicações financeiras, imposto sobre transmissão de bens imóveis em transações imobiliárias, imposto sobre propriedade de veículos na aquisição de carros. Lembre-se também da declaração anual de ajuste na qual você terá que justificar seu patrimônio e, eventualmente, pagar imposto sobre ganho de capital na venda de bens com lucro.

Os chamados ativos reais, por exemplo, dólar e ouro, bem como investimentos em joias e obras de arte, são boas modalidades para proteção patrimonial, mas com baixa rentabilidade no curto e médio prazo.

Já o investimento em previdência privada complementar é recomendável dentro de limites que permitam restituição de imposto de renda e desde que o resgate seja programado para o longo prazo.

Se você for empresário, investir em sua atividade é sempre uma boa pedida. Afinal, é de se esperar que você acredite em seu empreendimento. Contudo, aprenda a separar a gestão das finanças pessoais do caixa da empresa. Se fizer uma inversão de capital na companhia, trate-a como um empréstimo que precisa ser devolvido, com juros, pela corporação. E jamais venda um patrimônio para cobrir um déficit de sua empresa. A atividade empresarial tem a peculiaridade de tratar o dinheiro como um buraco negro. Todo capital aportado é literalmente engolido pelo negócio, em especial quando em fase de maturação.

Por isso, entenda que uma empresa deve ser autossustentável. Ao iniciá-la, possivelmente você investiu capital ou patrimônio próprios. A partir daí, a companhia deve ser tratada com independência, buscando suprir suas necessidades de crédito por meio de maiores vendas ou de captação no mercado financeiro, seja via empréstimos ou pela venda de ações. Separe a pessoa física da pessoa jurídica.

> *Se você não conseguir controlar suas emoções, não será capaz de controlar seu dinheiro.*
> Warren Buffett

IMPERMANÊNCIA E ALGEMAS DOURADAS

É provável que você já tenha dito alguma vez em sua vida que no dia em que for ou tiver o que deseja, será feliz.

Então você trabalha arduamente para alcançar um cargo de chefia, mas, ao chegar lá, passa a acreditar que somente quando for promovido à gerência estará de fato satisfeito. Até que esse dia chega e você passa a almejar a diretoria como única forma de lhe amainar os ânimos.

Você diz: "Quando eu concluir a faculdade, quando eu tiver um carro, quando eu morar em uma casa maior, finalmente serei feliz". Daí você se gradua, compra um carro e muda de residência. E, meses depois, sente-se de novo insatisfeito e descontente.

O fato é que estamos sempre projetando nossas expectativas e ideais de felicidade no futuro. Esse pensamento é um estado de impermanência latente que nos impede de aproveitar o momento presente e viver com plenitude.

Os anos ensinaram-me algumas lições. Uma delas vem de Leonardo da Vinci, que dizia: "A sabedoria da vida não está em fazer aquilo que se gosta, mas em gostar daquilo que se faz". Sempre imaginei que fosse o contrário. Porém, refletindo, passei a compreender que quando estimamos aquilo que fazemos, podemos nos sentir completos, satisfeitos e plenos, ao passo que se apenas procurarmos fazer o que gostamos, estaremos sempre em uma busca insaciável, pois o que gostamos hoje não será o mesmo que prezaremos amanhã.

Isso também ocorre em relação aos bens materiais. Não estou apregoando que devemos nos acomodar com o que temos ou arrefecer nossas ambições, mas, sim, que precisamos aprender a apreciar nossas conquistas e nos conscientizar de que o *ser* é mais importante que o *ter*.

Concluindo, vale salientar que devemos estar sempre atentos para evitar a presença das "algemas douradas". Uso essa expressão para designar pessoas que alcançaram sucesso material e reconhecimento, porém estão profundamente infelizes. Entregues a uma rotina que não apreciam, curvam-se diante dela apenas para manter aparências e privilégios. Trabalham onde não gostam, em atividades que renegam e dormem com quem não amam. A riqueza material lhes proporciona o ouro que os acorrenta, como se fossem algemas a privá-los da liberdade, da alegria e da felicidade.

> *A grande chave para a satisfação*
> *é algo que quase sempre nos escapa.*
> *Não é conseguir o que queremos,*
> *e sim querer aquilo que conseguimos.*
> Tom Morris

FAZENDO ACONTECER COM POUCO DINHEIRO

Por mais restrito que seja seu orçamento, é possível cultivar uma pequena poupança para investimento futuro, aquisição de bens ou para atender a emergências e imprevistos.

Tomemos o exemplo de um fumante que consuma dois maços de cigarros todos os dias. A tabela a seguir ilustra o impacto financeiro que deixar de fumar teria para essa pessoa, além, é claro, dos benefícios para sua saúde, caso decidisse trocar o valor destinado a sustentar seu hábito por uma aplicação financeira.

2 maços/dia a R$ 3,00 cada	
1 dia	R$ 6,00
1 semana	R$ 42,00
1 mês	R$ 180,00
Aplicação com juros de 0,5% ao mês	
1 ano	R$ 2.220,00
10 anos	R$ 29.498,00

Os números são expressivos e nos alertam para o poder que as pequenas economias têm sobre nossa formação de riqueza. Por isso, se você não fuma, aplique o exercício anterior a outras despesas, como aquele cafezinho sorvido fora de casa antes de iniciar o dia de trabalho.

Note que a simulação feita considerou o valor médio de um maço de cigarros e uma aplicação com rendimento de apenas 0,5% ao mês, equivalente ao da caderneta de poupança. Evidentemente, aplicações mais rentáveis são possíveis, e o resultado ao final de um ou 10 anos será, nesse caso, ainda mais significativo.

Vida 7
Mente e Espírito

Mentes grandes discutem ideias;
mentes medianas discutem eventos;
mentes pequenas discutem pessoas.
Blaise Pascal

A última de nossas Sete Vidas poderia ser a primeira. No entanto, prefiro tratá-la como se fosse a cobertura de um bolo de chocolate que se coloca ao final, mas se saboreia primeiro. Por mais tenra e macia que seja a massa, é a cobertura que confere sabor ao alimento.

É no âmbito dessa vida que podemos processar as mudanças de maior impacto em nossa existência, atingindo tanto a individualidade quanto a coletividade. A mente, morada dos pensamentos e dos sentimentos, e o espírito, lar da credulidade e da fé.

Essas são as duas últimas dimensões que pretendo abordar. Ambas igualmente pouco conhecidas, surpreendentes e essenciais.

MENTE

Dizem que nem sequer utilizamos um décimo de nosso potencial cerebral. E comenta-se também que temos uma média de 50 mil pensamentos diários, o que resulta em cerca de um pensamento diferente a cada dois segundos... Pode parecer absurdo, porém plausível, dado que a maior parte desses pensamentos é mera repetição de experiências passadas. Aliás, no exato momento em que você lê essas linhas, é admissível que esteja refletindo sobre seus próprios pensamentos, se estiver de fato concentrado nesta leitura, ou talvez esteja de forma consciente ponderando sobre um telefonema que precisa fazer, o que comerá na próxima refeição ou sobre qual será a agenda para o dia seguinte.

O fato é que o cérebro, apesar de toda sua complexidade, apenas obedece aos nossos comandos. Quanto maior a consciência dos pensamentos, maior o controle sobre os atos. É por isso que pensamentos positivos conspiram de modo favorável, atraindo pessoas e circunstâncias igualmente convenientes. Em contrapartida, como bem lembra um provérbio italiano: "A mente ociosa é oficina do demônio".

Você precisa exercitar sua mente e alimentá-la com informações adequadas, sentimentos positivos e valores virtuosos. Para fazê-lo, é importante conhecer um pouco mais sobre essa sua poderosa ferramenta – o cérebro.

DOMINÂNCIA CEREBRAL

O cientista Roger Wolcott Sperry realizou pesquisas nos anos 1960 sobre a separação e identificação das funções cerebrais. Trabalhando com pacientes epiléticos e com o objetivo de mitigar os efeitos dessa patologia, ele e sua equipe descobriram que o hemisfério esquerdo controla o lado direito do corpo, coordenando o raciocínio lógico, a linguagem e o tempo, ao passo que o hemisfério direito domina o lado esquerdo do corpo, sendo responsável pela emoção, a visão e a intuição. Essas descobertas renderam-lhe o Prêmio Nobel de Medicina em 1981.

Comparando à filosofia chinesa, o lado direito do cérebro corresponderia ao *yin*, enquanto o lado esquerdo representaria o *yang*.

Os estudos de Sperry permitem-nos qualificar o homem não apenas como um animal racional mas também emocional. É a conjunção desses dois universos que deve ser perseguida na busca pelo equilíbrio.

Mais recentemente, em 1988, o americano Ned Herrmann, em sua obra *The creative brain*, cunhou o conceito da quadratividade cerebral. Segundo o pesquisador, somos influenciados por diferentes preferências, conduzidas por áreas distintas em nosso cérebro, conforme demonstrado no quadro a seguir:

Dominância cerebral	
Hemisfério posterior esquerdo (Analítico) • Analisa os dados • É racional, lógico, crítico e impessoal • Aprecia quantificar, avaliar e julgar • Sua dúvida: o quê?	**Hemisfério posterior direito (Experimental)** • Visualiza os fatos • É criativo, imaginativo, curioso, integrador e intuitivo • Arrojado, assume riscos, aprecia surpresas e quebra regras • Sua dúvida: por quê?
Hemisfério anterior esquerdo (Controlador) • Organiza os fatos • É planejador, metódico, detalhista e conservador • Aprecia a previsibilidade, o controle e a confiança • Sua dúvida: como?	**Hemisfério anterior direito (Relacional)** • Sente os fatos • É emocional, sensível, expressivo e espiritual • Aprecia pessoas e o trabalho em equipe • Sua dúvida: quem?

A partir dessas características você pode compreender melhor seus padrões de tomada de decisão. Quando centrados no hemisfério cerebral esquerdo, seu pensamento é do tipo convergente e objetivo. Você avalia as alternativas, julga-as conforme seus interesses e valores, bem como seleciona aquelas que melhor satisfazem seus objetivos. Todavia, quando seu padrão é dominado pelo hemisfério direito, o pensamento é do tipo divergente e subjetivo. Você adia o julgamento e parte em busca de novas opções.

Conhecer esse funcionamento cerebral é um passo importante no caminho do autodesenvolvimento, pois você, seguramente, consegue identificar quais seus quadrantes dominantes; no entanto, o grande movimento está no sentido de promover a evolução dos demais.

MEXA COM SEUS SENTIDOS

Lawrence Katz e Manning Rubin desenvolveram, a partir da neurociência, o conceito de "neuróbica" ou "aeróbica dos neurônios". A proposta é estimular você a realizar tarefas rotineiras de uma forma diferente, promovendo novas conexões cerebrais e potencializando ambos os hemisférios.

Assim, caso seja destro, utilize a mão esquerda para acionar o botão do elevador, erguer uma xícara, escovar os dentes. De igual maneira, se for canhoto, tente realizar pequenas tarefas com a mão direita. Coloque suas calças a partir da perna esquerda pela manhã e repita esse processo nos dias subsequentes. Quando sentir-se habituado a esse novo estilo, inverta uma vez mais o procedimento, realizando-o agora de olhos fechados, desafiando recorrentemente seu cérebro.

Leia o jornal de trás para frente e alterne a cada dia a ordem de leitura dos diferentes cadernos. Veja as horas por um espelho, use o relógio no pulso direito, depois no esquerdo e, por fim, não use relógio.

Adquira um caderno de caligrafia e comece a treinar a escrita com a mão invertida. Será difícil no começo, dada a falta de coordenação motora, mas você se surpreenderá com sua evolução gradual na medida em que persistir dia a dia.

Em esportes, até quando estiver brincando despretensiosamente, procure chutar a bola com a perna contrária à de sua preferência e arremessar uma bola ao cesto com a mão não habitual.

Em seu trabalho também alterne o uso do mouse entre as mãos direita e esquerda. Essa é, inclusive, uma recomendação de especialistas para se evitar lesões por esforço repetitivo em quem faz uso intensivo do computador. A brincadeira é mexer com os sentidos, desvendando novas habilidades.

ESPIRITUALIDADE E RELIGIOSIDADE

Inicialmente, é importante pontuar a distinção entre espiritualidade e religiosidade.

A religiosidade corresponde a um sistema organizado de crenças, com doutrina própria e seus ritos, cerimoniais, ícones e símbolos utilizados para aproximar as pessoas de sua divindade. Trata-se de uma busca objetiva, baseada em normas e princípios, que guarda em si a semente da exequibilidade de uma crença em um futuro incerto.

A espiritualidade, por sua vez, relaciona-se à busca pessoal pelo sentido da vida, pela compreensão do enigma da existência humana e da multiplicidade da vida. É uma busca subjetiva, por vezes mística e esotérica, mas que contempla o caminhar, e não o destino final. Por isso o compromisso de realizar no presente e deixar um legado em vez de projetar ações apenas para a posteridade.

Por serem tão dogmáticas, as religiões afastam as pessoas, aproximando somente quem comunga de ideais comuns, ao passo que a espiritualidade une as pessoas, reunindo-as mesmo quando diante de crenças dissonantes. Pratica-se a espiritualidade no dia a dia, no exercício da solidariedade e da compaixão, independentemente de templos, cultos ou pregações.

> *A religião está no coração, não nos joelhos.*
> Douglas William Jerrold

O mundo está cada vez menos religioso e mais espiritualizado. O grande dilema atual consiste em conciliar esse desejo de espiritualidade a uma cultura contemporânea consumista, egocêntrica e superficial.

A RELIGIÃO QUE TORNA VOCÊ MELHOR

Leonardo Boff relata um encontro que teve com o Dalai Lama, em um intervalo de uma mesa-redonda sobre religião e paz entre os povos, quando lhe perguntou sobre qual seria a melhor religião.

Dalai Lama respondeu-lhe que a melhor religião é aquela que mais nos aproxima de Deus, fazendo-nos pessoas melhores, ou seja, mais sensíveis, amorosas, complacentes, desapegadas e responsáveis.

Uma religião, independentemente de qual seja, deve, por princípio, elevar a moral e conduzir ao bem, posicionando-se sempre contra sectarismos, inclemências, intolerâncias e violências de qualquer ordem. Há religiões que se mostram necessárias para odiar, mas não suficientes para amar; assim, nasce o fanatismo, esse filho desnaturado da religião, como diria Voltaire.

Como é possível compreender e aceitar tantos conflitos que grassam pelo mundo, motivados pelo totalitarismo e justificados como "guerra santa"? Seria concebível um Deus impiedoso, que apenas pune, castiga e exige penitências? Lembro-me do teólogo Hans Küng a sentenciar: "Não haverá paz no mundo se antes não houver paz entre as religiões".

Mais importante do que sua opção religiosa é sua escolha espiritual. Em outras palavras, é trilhar um caminho digno que lhe permita passar com altivez pelo "teste do espelho" quando, diante de si mesmo, sentir-se capaz de declarar que faz não só o seu possível, mas o seu melhor. Lembre-se de que as pessoas acreditarão no que você fizer, para somente depois confiar no que você disser.

A BUSCA POR UM SIGNIFICADO

O psiquiatra e psicólogo austríaco Viktor Frankl foi o criador da análise existencial e da logoterapia, teoria segundo a qual o desejo de encontrar um significado para a vida é a motivação básica do comportamento de um indivíduo. Estabelecer e perseguir um objetivo trilhando o próprio destino é aspecto mais relevante do que satisfazer instintos e aliviar tensões, como sustenta a psicanálise convencional.

Frankl pertencia à corrente judaica socialista marxista, a classe de judeus mais odiada por Hitler. Passando por quatro campos de concentração entre 1942 e 1945, perdeu os pais, a esposa e um irmão, sofrendo com os maus tratos e a fome. Mas sobreviveu, por seus princípios e por seus propósitos.

Teorizando a partir de suas observações e sua própria experiência, Frankl observou que um indivíduo pode encontrar um sentido para sua vida a partir de 3 vias (com base nos escritos do filósofo Rubem Queiroz Cobra):

a) Criando um trabalho, realizando um feito notável ou sentindo-se responsável por terminar um trabalho que depende fundamentalmente de seus conhecimentos ou de sua ação. Aqui poderíamos relacionar as contribuições de personalidades como Pasteur, Einstein, Bohr, entre outros.

b) Experimentando um valor, algo novo, ou estabelecendo um novo relacionamento pessoal. Esse é o caso de uma pessoa que está consciente da responsabilidade que tem em relação a alguém que a ama e espera por ela. O amor incondicional de uma mãe por um filho exemplifica essa tese.

c) Pelo sofrimento, suportando as amarguras inevitáveis, diante da consciência de que a vida ainda espera muito de sua contribuição em relação às demais pessoas, como aconteceu com o próprio Frankl.

Nesses três casos, a resposta do indivíduo é a ação efetiva e uma conduta moral proba, em lugar de tempo investido em conversas e meditação.

Tenho visto empresas gerarem emprego e renda, apesar dos juros elevados, carga tributária indecente e carestia das linhas de crédito.

Tenho visto profissionais que são promovidos, apesar de uma formação acadêmica deficitária, ausência de títulos ou fluência em outro idioma.

Tenho visto pessoas que praticam ações filantrópicas, levando consigo o carinho do olhar, o calor do abraço e o conforto da palavra, apesar de pessoalmente não necessitarem disso.

Tenho visto casais que se reconciliam e amantes que se saciam, apesar das divergências e da eventual discórdia.

Aprecio muito o conceito de resiliência, abordado anteriormente. E meu amigo Roberto Ambrósio presenteou-me com uma metáfora sobre o boxe, um esporte duro e violento que nos lega de forma muito especial o conceito de assimilação.

Um boxeador toma um direto de direita e assimila, bem ou mal, o choque sofrido, como se o golpe passasse a ser uma parte da própria pessoa, modificando-a externa e internamente. Assimilar é tornar-se semelhante a. O boxeador sofre, baqueia, devolve a energia potencial em forma de persistência (permanecer em pé) ou em forma de contragolpes defensivos, mas, acima de tudo, aprende enquanto assimila. Aprende que a guarda deveria estar mais alta, que a esquiva deveria ocorrer um décimo de segundo antes. Aprende com a dor e, sobretudo, aprende sozinho.

Também tenho aprendido a oferecer menos resistência aos sacrifícios impostos, a suportar melhor as dificuldades, a ser mais tolerante, bem como a encontrar um sentido para a vida – apesar de tudo e de todos que a isso se opõem.

> *Quem tem um porquê suporta qualquer como.*
> Viktor Frankl

FÉ

Paulo Coelho foi emblemático ao afirmar que "A fé é uma conquista difícil, que exige combates diários para ser mantida". Acostumamo-nos a exaltar a presença divina por força de nossas dificuldades, mas raramente o fazemos para enaltecer nossos méritos. O espiritual é refúgio, pronto a nos acolher e no qual estamos sempre de passagem quando poderia ser abrigo permanente para a reflexão e o conforto da alma.

Acreditar no que desejamos é conveniência. Acreditar no possível é filosofia. Acreditar em fatos que não podem ser comprovados é fé. Para quem não crê, não há explicação; para quem crê, qualquer explicação é desnecessária.

Necessitamos da fé para transpor obstáculos, para nos superarmos, para nos compreendermos. Encontre sua fé. Esse é um grande passo para encontrar também sua espiritualidade.

> *Em decorrência do que eu tenho visto,*
> *acredito no que eu não posso ver!*
> Alfred Tennyson

FAZENDO ACONTECER COM POUCO DINHEIRO

Em relação à sétima vida, este tópico poderia ser descartado. Afinal, praticamente tudo o que envolve o exercício da mente e da espiritualidade independe de recursos financeiros.

Os ingredientes necessários são apenas a boa vontade, o comprometimento e a temperança, bem como a dedicação a si e ao próximo.

Após as Sete Vidas...

Não interessa o quanto você já andou.
Se descobrir que está na estrada errada, volte.

Provérbio turco

Procurei transmitir a você nas páginas anteriores um pouco de minha experiência. A proposta foi compartilhar algumas lições que possam eventualmente incitar a reflexões e, talvez, promover mudanças efetivas.

Profissionalmente, levei mais de uma década para me descobrir. E, pessoalmente, outros muitos anos para me encontrar. Por vezes, mais difícil do que a descoberta é a aceitação – mas antes tarde do que mais tarde.

Antes de finalizar, gostaria de deixar três últimos recados. Imaginando que você decida repensar alguns aspectos de sua vida a partir do conceito das Sete Vidas, é provável que a angústia e a ansiedade o visitem, pois esses sentimentos estão sempre presentes em processos de mudança.

Além disso, também é plausível considerar que em determinado momento seus planos sofram de paralisia, em especial porque as condições podem não se apresentar muito favoráveis, e você, à espera de um mundo perfeito, deixe de progredir.

Por fim, após tantas histórias, sugestões e opiniões, gostaria de deixar-lhe um exemplo. O meu exemplo.

> *O exemplo nobre torna fáceis os feitos mais difíceis.*
> Goethe

ANSIEDADE E ANGÚSTIA

Ansiedade e angústia tornaram-se companheiros indesejados.

A ansiedade representa um estado de inquietação, um desejo recôndito de antecipar uma decisão, de abreviar uma resposta, de aplacar expectativas.

A angústia é uma sensação de desconforto, um mal-estar físico que oprime a garganta, comprime o diafragma, acelera o pulso, acompanhado de um mal-estar psíquico que aflige, agoniza, atormenta.

A ansiedade é um tempo que não chega; a angústia, um tempo que não vai embora.

Amantes que aguardam pelo encontro é ansiedade; relacionamentos desgastados que não terminam é angústia. O prenúncio do final de semana para um pai divorciado é ansiedade; a despedida dos filhos no domingo é angústia. A espera pelo resultado de um concurso é ansiedade; ter seu nome classificado em uma lista de espera é angústia. A expectativa do primeiro dia de trabalho é ansiedade; o fim do expediente que demora é angústia.

Ficamos angustiados por opção, por força de nossas próprias escolhas, em razão de coisas e pessoas. Assumimos compromissos financeiros que não podemos saldar, adquirimos bens pelos quais não podemos pagar. Tudo em busca de *status*. Compramos o que não precisamos, com o dinheiro que não temos, para mostrar a quem não gostamos uma pessoa que não somos. O ato da compra é sublime e fugaz. A obrigação decorrente é amarga e duradoura, além de angustiante.

Muitas são as pessoas que nos angustiam com suas argumentações, pleitos ou mera presença. O telefone toca e, ao identificar o número, você hesita em atender. Uma visita é anunciada, e sua vontade é simplesmente mandar dizer que não está.

De tanto cultivarmos a ansiedade, de tanto permitirmos a angústia, colhemos a depressão. Então, fazemos uso de um comprimido de Prozac e fingimos estar tudo bem.

Por isso, meu convite é para que você dê um basta em sua angústia. Demita de sua vida quem e o que não lhe fazem bem. Pode ser um cliente chato ou um fornecedor desatencioso; um amigo supostamente leal, mas de fato um interesseiro contumaz; um amor não correspondido.

Tome iniciativas que você tem protelado. Relacione tarefas pendentes e programe datas para conclusão. Limpe gavetas, elimine arquivos desnecessários. Revise sua agenda de contatos e sua coleção de cartões de visita, rejeitando quem você nem mais conhece – e que talvez nunca tenha conhecido.

Vá ao encontro de quem você gosta para demonstrar sua afeição. Peça perdão a quem se diz magoado com você, mesmo acreditando não tê-lo feito. Ofereça flores, uma canção, um abraço ou um aperto de mãos. Ofereça seus ouvidos e sua atenção.

A vida é breve e parece estar cada vez mais curta, visto que o tempo escorre-nos pelas mãos. Compromissos inadiáveis, reuniões intermináveis, trânsito insuportável. Refeições em *fast food*, decisões *fast track*, relacionamentos *fast love*. Cotidiano que sufoca, reprime, deprime.

Caminhar pelas ruas, admirar a lua, contar estrelas, observar o desenho que as nuvens formam no céu. Encontrar amigos, saborear os alimentos, apreciar os filhos. Escolha ficar mais leve, viver com serenidade. Libere o peso angustiante que carrega em suas costas. Viva, não apenas se deixe viver.

> Por conhecer as árvores, compreendo o sentido da paciência.
> Por conhecer a grama, dou valor à persistência.
> Hal Borland

O MUNDO PERFEITO

Você é encarregado de preparar determinado projeto. Em verdade, você mesmo candidatou-se a essa tarefa, pois conhece o assunto como poucos e está certo de que poderá contribuir com sua equipe. Assim, bastariam algumas horas de transpiração diante da tela do computador para produzir uma primeira versão do documento que seria apresentada aos seus pares, propiciando debates e a elaboração de uma versão posterior, mais densa e mais bem estruturada.

Todavia, seu nível pessoal de exigência impede-o de redigir uma proposta sem antes promover todo um trabalho de pesquisa para embasar sua tese. No entanto, pesquisa demanda tempo, e o tempo é a matéria-prima mais escassa do mundo moderno. Passa-se uma semana, duas, um mês. O projeto não sai de seu pensamento e não vai para o papel. Você se angustia, perde o prazo e a credibilidade com seus colegas – e consigo mesmo.

O exemplo anterior pode representar um projeto profissional. Pode também ilustrar um trabalho acadêmico ou mesmo uma ação filantrópica. O fato é que em qualquer um dos casos, o desejo de fazer o ótimo dilacerou a possibilidade de fazer o bom. E, por fim, nada foi concretizado, o que significa um péssimo resultado.

Convido você a fazer igual analogia com outros sonhos que já visitaram suas noites de vigília. Livros que não foram escritos, músicas que não foram compostas, poesias que não foram declamadas. Uma intervenção necessária durante uma reunião que foi contida por falta de ousadia. Uma declaração de amor reprimida porque você ainda não se sentia preparado.

Temos o mau hábito de esperar pelo mundo perfeito para tomar decisões. É como se decidíssemos cruzar a pé uma movimentada autoestrada apenas quando todos os veículos parassem para permitir nossa passagem, sem a existência de qualquer sinalização que os obrigasse a tal ação.

Enquanto buscamos e ansiamos por esse mundo perfeito, outras pessoas fazem o que é possível, com os recursos de que dispõem, dentro do tempo que lhes é concedido. E não raro acabam sendo bem-sucedidas. Então, ao observarmos o conteúdo de suas produções, colocamo-nos imediatamente a criticá-las, certos de que poderíamos ter alcançado um resultado muito mais satisfatório. Nós pensamos; elas agiram.

Observe como muito pode ser feito usando pouco tempo e muita simplicidade. Às vezes, basta um telefonema de alguns minutos para dirimir uma dúvida, prestar um esclarecimento, obter uma dilação de prazo. De igual maneira, um e-mail redigido em uma fração de segundos pode aquietar o espírito de seu interlocutor e sepultar o risco de um desentendimento. Agradecimentos, por sua vez, devem ser prestados o quanto antes, ou tornam-se inócuos e desprovidos de sensibilidade.

Um livro pode ser escrito de uma só vez ou capítulo a capítulo, dia após dia. Uma música pode ser composta em um guardanapo de papel na mesa de um bar ou nas bordas de uma folha de jornal que repousa em seu colo dentro de um ônibus. Um poema pode ser oferecido em meio a um jantar ou dentro de um elevador que se desloca do terceiro piso para o subsolo.

O tempo certo para agir é agora. Não de qualquer maneira, não com mediocridade, mas com o máximo empenho possível. Amanhã, como diriam os espanhóis, é sempre o dia mais ocupado da semana.

Busque a alta qualidade, não a perfeição.
H. Jackson Brown Jr.

EXEMPLOS E OPINIÕES

Há alguns anos mantenho um site na internet (www.tomcoelho.com.br). É minha casa, por assim dizer, que você pode visitar a qualquer instante e na qual será sempre muito bem-recebido.

Também divulgo periodicamente uma *newsletter* intitulada **Megatom**. Nela, procuro compartilhar uma nova reflexão em formato de artigo, além de sortear livros e sugerir eventos capazes de promover o desenvolvimento de pessoas e corporações que acompanham meu trabalho.

À medida que um escritor cria intimidade com seus leitores, algumas questões surgem com naturalidade. São perguntas que ora beiram o abismo do interesse filosófico e conceitual, ora margeiam o precipício da mera curiosidade pessoal. Algumas chegam de mansinho, escondidas em um longo e-mail, contendo elogios e considerações diversas. Outras são aladas, chegam rápido no rastro de Mercúrio; são diretas e objetivas.

Não posso furtar-me a responder a qualquer uma delas por um motivo muito simples: sou eu o primeiro inquisidor que, atrevidamente, invade lares e escritórios, ao alvorecer ou ao anoitecer, sem pedir licença, apresentando ideias, convidando ao debate e instigando à reflexão.

Nesse contexto, uma pergunta recorrente é: "Você é ou consegue ser assim como escreve?"

Escrevo o que penso sobre aquilo em que acredito. Fruto de muita leitura, vivência e reflexão, escolho temas que me afligem a alma, pedindo espaço para se manifestar, gritando pela liberdade e clamando por alternativas e soluções. Manifesto meu ponto de vista e fico à espera de comentários capazes de auxiliar-me a encontrar respostas. Tenho aprendido a fazer as perguntas, talvez mais acertadamente. No entanto, quanto mais estudo, quanto mais investigo, mais me sinto o próprio ponto de interrogação. E desejo encontrar as respostas. Coletivamente.

Contudo, o que escrevo não corresponde com exatidão a quem sou. É uma cópia melhorada, a projeção de quem desejo ser. Ao escrever, assino contratos com o mundo e comigo mesmo. Isso gera comprometimento. E comprometer-se com o que não se pode realizar gera angústia, a qual, por sua vez, conduz à tristeza. Como não estou aqui para ser triste, não estreitarei propositadamente meus caminhos para a felicidade. Desejo, pois, assumir aquilo que posso cumprir. Melhor um pequeno resultado do que uma grande promessa. Fernando Pessoa disse que "o poeta é um fingidor". Rubem Alves diz que "escreve o que ele não é". E ambos asseguram que é melhor não conhecer pessoalmente o autor, sendo mais seguro ficar com o texto.

Penso de modo diferente. Comecei a escrever como articulista, ou aquele que escreve *artículos*. Transitei para a missão de cronista, versando sobre o cotidiano. Quem se dá a esse trabalho tem sempre alguma poesia dentro de si. Nesse momento, haverá quem diga que o poeta vive no mundo da lua, viajando pelo planeta dos sonhos, na imaginária galáxia da utopia. Pois lhes digo que toda utopia é uma realidade em potencial. E se escrevo sobre o que sonho é porque sonho com o que escrevo. E isso pode, sim, se concretizar, uma vez que se torna mais palpável quando se põe no papel e se compartilha com o mundo, que passa a sonhar junto.

O que escrevo é melhor do que sou hoje. É o que vou buscar. E quanto melhor eu for amanhã, novos escritos demandarão uma nova pessoa, ainda melhor, em um processo sem fim. Não sei onde foi o ponto de partida e não me interessa qual a estação de chegada. Bom mesmo é apreciar a paisagem durante a caminhada e transpor as pedras, as valas e as pontes quebradas ou inacabadas que surgem pelo trajeto.

A vontade é muito grande de tentar varrer o assunto, esgotar o inesgotável. Sempre faltará um verso, uma frase ou uma ideia qualquer, negligenciados que são pela memória, pelo descuido ou pelo desconhecimento. Sou vários em um só e aquele *eu* mais prático interpela o meu *eu* mais sonhador quando uma lauda acaba.

Há uma frase muito utilizada entre os economistas: *take home value* ou, literalmente, "o valor que levamos para casa". Essa é uma tese que merece atenção.

Quando você sai de sua casa para uma reunião, uma palestra, um encontro ou qualquer outra atividade, o que você tira de proveito desse evento que lhe possibilita retornar ao lar melhor do que quando saiu? Quais lições você extraiu dos momentos que dedicou ao referido acontecimento? E o que você legou às pessoas que estavam em sua companhia para também fazê-las melhores?

Madre Teresa alertava que não podemos permitir que alguém saia de nossa presença sem sentir-se melhor e mais feliz. Da mesma forma, não podemos admitir isso em relação a nós mesmos. Já Rimpoche dizia que "o melhor que podemos fazer por uma pessoa é dar a ela a oportunidade de nos oferecer o que tem de melhor". E é isso o que procuro fazer a cada palavra. Elas não são escritas, mas desenhadas. Não são digitadas, mas dedilhadas. Porque contêm carinho. Porque desejo compartilhar até o que ainda não sou. Porque é como o pão que alimenta: o melhor é sua partilha, sua divisão.

O mundo está repleto de opiniões, umas mais assertivas que as outras. Cada qual se preocupa em denotar a força de sua própria argumentação, mas o que precisamos verdadeiramente é de exemplos. Fazer, praticar, aplicar. Não se deve mudar de opinião se não se pode mudar de conduta. Contudo, se for possível mudar, faça-o por você, por aqueles que o cercam e pela utopia de um mundo melhor para se viver.

> *Hoje, conhecedor de minhas Sete Vidas,*
> *já não me exijo mais à altura do que desejo.*
> *Apenas me espero na medida exata do que eu preciso.*
> Tom Coelho

Que o caminho seja brando a teus pés,
o vento sopre leve em teus ombros.
Que o sol brilhe cálido sobre tua face,
as chuvas caiam serenas em teus campos.
E até que eu de novo te veja,
que Deus te guarde nas palmas de Suas mãos.

Que a estrada abra à tua frente,
que o vento sopre levemente em tuas costas.
Que o sol brilhe morno e suave em tua face,
que a chuva caia de mansinho em teus campos.
E até que nos encontremos de novo,
Que Deus te guarde nas palmas das Suas mãos.

Que as gotas da chuva molhem suavemente o teu rosto,
que o vento suave refresque teu espírito.
Que o sol ilumine teu coração,
que as tarefas do dia não sejam um peso nos teus ombros.
E que Deus te envolva no Seu manto de amor.

(uma antiga bênção irlandesa)

Referências

ALVES, Rubens. *Cenas da vida*. Campinas: Papiro, 1997.
BOFF, Leonardo. *Espiritualidade*: um caminho de transformação. Rio de Janeiro: Sextante, 2006.
CARLSON, Richard. *Não faça tempestade em copo d'água...*: e tudo na vida são copos d'água... Rio de Janeiro: Rocco, 1998.
CERBASI, Gustavo. *Casais inteligentes enriquecem juntos*. São Paulo: Editora Gente, 2008.
COBRA, Nuno. *A semente da vitória*. 75. ed. São Paulo: Senac, 2005.
CORTELLA, Mario Sergio. *Não nascemos prontos!* Provocações filosóficas. Petrópolis: Vozes, 2008.
_____. *Qual é a tua obra?* Inquietações propositivas sobre gestão, liderança e ética. Petrópolis: Vozes, 2007.
COVEY, Stephen R. *Os sete hábitos das pessoas altamente eficazes*. São Paulo: Best Seller, 1999.
DRUON, Maurice. *O menino do dedo verde*. São Paulo: José Olympio, 1957.
EDLER, Richard. *Ah, se eu soubesse...*: o que pessoas bem-sucedidas gostariam de ter sabido 25 anos atrás. 34. ed. São Paulo: Elsevier, 2001.
FRANKL, Viktor E. *Em busca de sentido*: um psicólogo no campo de concentração. Petrópolis: Vozes, 1991.
GARCIA, Evie Mandelbaum. *Cuidado, olha o crachá no prato*. Rio de Janeiro: Elsevier, 2004.
GHORAYEB, Nabil. *Ninguém morre de véspera*. São Paulo: Phorte, 2007.
GIANNETTI, Eduardo. *Felicidade*. São Paulo: Companhia das Letras, 2002.
HERRMANN, Ned. *The creative brain*. Lake Lure, NC: Brian Books, 1998.
KATZ, Lawrence; RUBIN, Manning. *Mantenha o seu cérebro vivo*. São Paulo: Sextante, 2000.
KLINK, Amyr. *Mar sem fim*: 360 graus ao redor da Antártica. São Paulo: Companhia das Letras, 2000.

LIPMAN-BLUMEN, Jean. *Liderança conectiva*. São Paulo: Makron Books, 1999.

MADIA DE SOUZA, Francisco Alberto. *O grande livro do marketing*. São Paulo: M. Books do Brasil, 2007.

McCLELLAND, David. *Human motivation*. Cambridge: Cambridge University Press, 1987.

MEHRABIAN, Albert; FERRIS, S. Inference of attitudes from nonverbal communication in two channels. *Journal of Consulting Psychology*, n. 31, p. 248-252, 1967.

MILGRAM, Stanley. The small-world problem. *Psychology Today*, n. 1, p. 60-67, 1967.

MILIONI, Benedito. *Carreira profissional vencedora*: planejando o desenvolvimento, escapando das armadilhas organizacionais, fazendo o próprio marketing. Rio de Janeiro: Qualitymark, 2007.

PARRY, Scoth B. *The quest for competences*. New York: Training, 1996.

POLITO, Reinaldo. *Como falar corretamente sem inibições*. 19. ed. São Paulo: Saraiva, 1988.

_____. *Gestos e postura para falar melhor*. 21. ed. São Paulo: Saraiva, 1999.

RIES, Al; TROUT, Jack. *As 22 consagradas leis do marketing*. São Paulo: Makron Books, 1993.

SAINT-EXUPÉRY, Antonie. *O pequeno príncipe*. 48. ed. Rio de Janeiro: Agir, 2006.

WANSINK, Brian. *Por que comemos tanto?* Rio de Janeiro: Campus, 2006.

SITES

http://www.anvisa.gov.br
http://www.cobra.pages.nom.br
http://www.gBolso.com.br
http://www.funasa.gov.br
http://www.fundacentro.gov.br
http://www.ibge.gov.br
http://www.nutricaoespecializada.com.br
http://www.oitbrasil.org.br
http://www.onu-brasil.org.br
http://www.saude.gov.br

+ BÍBLIA SAGRADA. Erechim-RS: Edelbra, 2006.